Deta Hadorn-Planta

Envie de lire –

mais *que* lire?

Bildung
Medien
Kommunikation

www.hep-verlag.ch
der bildungsverlag

ASPF

Deta Hadorn-Planta
Envie de lire – mais *que* lire?
155 propositions de lecture
ISBN 3-03905-153-9

Projektleitung: Martin Lind, Bern
Korrektorat: Marianne Deppeler, Aarau
Foto: Peter Liechti, Zürich; Roman Signer, St. Gallen
Umschlag: Atelier Kurt Bläuer, Bern
Layout: GBS, Lyss

Bibliografische Information Der Deutschen Bibliothek
Die Deutsche Bibliografie verzeichnet diese Publikation
in der Deutschen Nationalbibliografie:
detaillierte bibliografische Angaben sind im Internet unter
http://dnb.ddb.de abrufbar.

1. Auflage 2005

h.e.p. verlag ag
Bildung.Medien.Kommunikation
Brunngasse 36
CH-3011 Bern

www.hep-verlag.ch

Deta Hadorn-Planta

Envie de lire –

mais *que* lire?

155 propositions de lecture

Autres informations sous:
www.hep.Info
hepcode: 153

hep

Je remercie de leur aide précieuse

Caty, Cornelia, Peggy, Adrian

– Nous lisons un livre, et ce qui est écrit dans les livres n'est écrit que dans les livres, pas dans la vie, pas dans la nôtre, pas obligatoirement…
– Mais cela peut arriver… sinon, monsieur, les livres, à quoi servent-ils?

Michel Host, Zone blanche

Du même auteur:

Raconte-moi, Adela
Edition d'en bas, 1999

Table des matières

Introduction 9

Présentation des œuvres 11

Liste alphabétique des textes 166

Les auteurs et leurs œuvres 168

Les genres 173

Les thèmes 176

Pays d'origine des écrivains 187

Traductions en allemand 189

Versions cinématographiques 192

Introduction

Le répertoire est destiné, en priorité, aux étudiantes et aux étudiants du secondaire II et à leurs professeurs en quête de lecture, mais aussi à toute personne à la recherche d'un livre adapté à ses goûts ou à ses besoins. Il contient des œuvres publiées à partir de 1945 – sauf exception – et jusqu'au début du vingt-et-unième siècle.

L'objectif de ce recueil est de permettre à chacun de trouver une lecture correspondant à sa quête momentanée qu'elle soit scolaire ou privée, ludique ou studieuse.

Le choix est subjectif, puisque c'est moi qui l'ai fait. Le choix est objectif, parce que tous les textes présentés ont été lus et appréciés par des étudiantes et des étudiants du secondaire II et que ce recueil en est le résultat. Les thèmes, les difficultés, la longueur des textes correspondent aux moyens des jeunes du secondaire II étudiant le français, langue d'apprentissage.

Les titres des livres sont présentés par ordre alphabétique. Ils mettent en relief le contenu et les thèmes. Ils sont suivis d'un extrait de texte qui permet de se faire une idée du style, de la langue ou du niveau de difficulté du texte.

On trouvera la première édition du livre et l'édition la plus accessible actuellement (collections de poche: *J'ai lu, Points, Pocket, Folio, Castor poche, Librio, Poche suisse, Double, Babel, L'aire bleue, CamPoche, L'Olivier petite bibliothèque, Reclam, Serpent à plumes, motif*).

Cependant un texte disponible en collection de poche actuellement ne le sera peut-être plus l'année prochaine ou à l'inverse, un texte pas encore disponible en collection de poche aura paru d'ici en là. Il faut donc tenir compte des aléas de l'édition.

On distinguera trois types de textes:

- **Les lectures de vacances:** elles sont plus accessibles au niveau de la langue ou du contenu. Elles pourraient être l'objet d'une première lecture de classe ou d'une lecture de vacances.
- **Les lectures à partager:** ce sont celles dont le contenu gagne à être discuté en groupe ou en classe et qui permettent de développer des activités en classe.
- **Les lectures pour soi:** ce sont des textes plus exigeants au niveau de la langue et du contenu ou dont les thèmes sont plus particuliers et n'intéressent pas nécessairement une classe entière.

Le cas échéant, on signale le titre, l'éditeur et l'année de parution de **la traduction allemande** (même si elle n'est plus disponible en librairie, elle pourrait l'être en bibliothèque) ou le titre de la version **cinémato-**

graphique, le nom du réalisateur et l'année de diffusion. On relève, en principe, les versions cinématographiques les plus intéressantes pour l'enseignement. On laissera donc délibérément de côté d'autres versions cinématographiques.

Enfin, on mentionne **d'autres œuvres de l'écrivain** que l'on pourrait lire et qui correspondent aux critères énoncés plus haut. Les textes de l'auteur discutés dans le répertoire sont précédés d'un *.

En fin de recueil, on trouvera:

- Une liste des **œuvres** présentées
- Une liste des **auteurs** et de leurs **œuvres** présentées
- Une liste des **thèmes** des œuvres présentées
- Une liste des auteurs par **pays d'origine**
- Une liste des œuvres présentées par **genre**
- Une liste des **traductions** en allemand des œuvres présentées
- Une liste des versions **cinématographiques** des œuvres présentées.

On pourrait évidemment poursuivre cette liste, la diversifier ou faire un choix différent. Lire est contagieux, dit-on. Et qu'une fois pris dans les fils d'araignée de la lecture, on n'en ressort pas si aisément. C'est ce que nous vous souhaitons.

Si des erreurs se sont glissées dans le répertoire, nous prions de nous en excuser et de les signaler.

Bienne, le 15 novembre 2004

37°2 le matin

Roman de Philippe Djian (né en 1949 à Paris), publié à Paris chez Bernard Barrault en 1985, *J'ai lu.*

Le narrateur est homme-à-tout-faire dans un club de cabanons de vacances. Désabusé et sans projet, il vivote minablement jusqu'au jour où la splendide Betty fait irruption dans sa vie. Il en tombe irrémédiablement amoureux, elle lui redonne confiance en la vie. Il largue son boulot pour la suivre dans une quête effrénée. Dorénavant, toute son existence est soumise à sa passion dont les aboutissements seront inattendus.

Lorsque Betty découvre les carnets du narrateur, obnubilée par l'idée d'en faire un écrivain, elle les copie minutieusement pour les envoyer à une nuée d'éditeurs qui tous refusent le manuscrit. Mais elle n'a de cesse d'en faire un écrivain célèbre.

Avec Betty, la vie se vit à 200 kilomètres à l'heure, car où qu'elle se trouve, les événements s'enchaînent et les éléments se déchaînent. Le comportement de Betty est de plus en plus excessif, qu'elle mette à sac le bureau d'un éditeur ou plante une fourchette dans la main d'une cliente au restaurant.

Le roman est mené à un rythme furieux. Un amour total dans un univers déjanté qui ne peut que finir mal.

Extrait: *Il a fait signe qu'il était d'accord. Je l'ai attrapé par les cheveux et j'ai tiré dessus. Nos regards se sont croisés.*
– *N'empêche que t'as de la merde dans les yeux, j'ai ajouté.*
Je lui ai mis un coup de poing dans l'oreille et j'ai pris le téléphone sur mes genoux.
– *Je t'explique l'histoire en deux mots, j'ai dit. Cette fille, c'est la seule chose qui compte dans ma vie. Alors tu prends ce téléphone et tu retires ta putain de plainte avant que je fasse une connerie, d'accord?*

Lecture pour soi.

Traduction: Djian, Philippe (1988), Betty Blue, 37,2° am Morgen, Zürich (Diogenes, detebe 21671).

Film: 37°2 le matin de Jean-Jacques Beinex, 1986.

De Philippe Djian on pourrait aussi lire: Crocodiles, Assassins.

Absolue perfection du crime (L')

Roman de Tanguy Viel (né en 1973 à Brest), publié à Paris aux éditions de Minuit en 2001.

En Bretagne, un milieu de petits malfrats se prenant pour des mafieux siciliens. Andrei, Marin et Pierre, le narrateur, font partie de la «famille» et le samedi ils rendent visite à «l'oncle». Ils préparent le hold-up parfait: le 31 décembre, ils videront le coffre-fort du casino, le butin s'envolera dans une montgolfière par le toit, redescendra sur la mer dans l'éclat des feux d'artifice de minuit où ils pourront aisément le recueillir. Oui, mais voilà que Marin amène un quatrième comparse, Lucho, qui participe aux préparatifs. Ainsi se termine la première partie.

La deuxième relate le hold-up qui évidemment ratera et la troisième ce qui s'ensuit de cette débâcle.

L'auteur sait à merveille utiliser les mythes du cinéma des années 50, le hold-up, l'alcool, les sentiments ambivalents pour créer un roman passionnant et plein de suspense jusqu'à la dernière ligne. Il permet aussi une réflexion sur l'amitié, la trahison ou la vengeance.

Extrait: *Alors c'était à peine si je l'écoutais, Marin, quand il évoquait devant l'oncle les affaires en cours, les «travaux», disait-il, pour notre survie dans ce monde, disait l'oncle. Il avait répété si souvent: notre survie. Parce qu'il faut durer encore un peu, ajoutait l'oncle, rester loyal au milieu des traîtres. Des traîtres, oui, insistait Marin, marchant sans cesse sur le parquet grinçant, râpé, et se faisant l'écho parfois des paroles de plus en plus ternes, de plus en plus maigres de l'oncle vieillissant, des traîtres, c'était le mot qui revenait tout le temps pour dire l'âme sèche et coupante des hommes de ce milieu, dans ce monde qu'on dit obscur et sale de la pègre locale. On en faisait partie pourtant, de la pègre locale.*

Lecture pour soi.

De Tanguy Viel on pourrait aussi lire: Cinéma.

Ils ne pouvaient pas savoir ce qu'étaient des vieux livres moisis, de ces livres qu'on envoyait à la campagne pour s'en débarrasser, parce que dans la famille de Luc on ne jetait jamais de livres, même pas l'annuaire du téléphone, un livre c'est sacré, jeter un livre, brûler un livre, on sait où ça mène.
Transit & Cie, François Maspero

Ahmed de Bourgogne

Récit d'Azouz Begag (né en 1957 à Lyon) et d'Ahmed Beneddif, publié à Paris au Seuil en 2001, *Points*.

Ahmed Beneddif est né en France et possède la double nationalité française et algérienne. Cependant, après quelques démêlés avec la police et séjours en prison, il est arrêté, puis condamné pour un délit qu'il n'a pas commis. On lui retire son passeport français et le rapatrie en Algérie, pays où il ne connaît personne et dont il ne parle pas la langue.

C'est alors que commence sa douloureuse odyssée et ses errances de frontière en frontière pour tenter de retourner en France, seul pays où il a des repères, car c'est là que se trouvent ses parents, ses frères et sœurs, et surtout sa femme et sa fille Natacha. Il transitera par la Tunisie, la Turquie, la Bulgarie, la Hongrie, la Slovénie, l'Italie pour finalement rentrer en toute illégalité en France. De tous les pays traversés, il n'apprendra à connaître que les frontières, les douaniers, la police et les interrogatoires. Il saura dorénavant comment les éviter, déceler les combines fumeuses et les passeurs malhonnêtes. Et d'un pays à l'autre, d'une frontière à l'autre, ce sera une perpétuelle course à l'argent pour survivre ou payer les passeurs.

A bout de forces et de ressources humaines, Ahmed Beneddif échoue à Lyon où il est recueilli dans la paroisse du père Christian Delorme. C'est là qu'il a rencontré Azouz Begag à qui il a confié son histoire.

Ce texte décrit de manière hallucinante les conséquences du déracinement et permet une sensibilisation à la situation de ceux qui, sans papiers, errent d'un exil à l'autre.

Extrait: *Elle me faisait grande pitié. Un détenu m'a appris qu'elle pourrissait là depuis plus de six mois, à la recherche d'un moyen de retourner au Maroc. Il faut dire que, dans ce camp, en plus de la nourriture, les prisonniers devaient trouver eux-mêmes les ressources nécessaires pour s'auto-expulser, les autorités locales ne prenant pas à leur charge les frais de réexpédition. La pauvre Marocaine pleurait donc tous les jours parce qu'elle n'avait pas de sous pour payer son retour et elle croupissait là sans espoir.*

Lecture pour soi.

D'Azouz Begag on pourrait aussi lire: *Le gone du Chaâba, *Le passeport, Quand on est mort, c'est pour toute la vie.

Aîné des orphelins (L')

Roman de Tierno Monenembo (né en 1947 en Guinée), publié à Paris au Seuil en 2000.

Le roman raconte le génocide rwandais de 1994. Faustin Nsenghimana a quinze ans. Incarcéré dans une cellule de la prison centrale de Kigali, il attend d'être exécuté.

Jusqu'à l'âge de dix ans, Faustin vivait heureux avec ses parents et ses frères et sœurs au village de Nyamata. Lorsque ses parents sont sauvagement assassinés par les Hutus, il perd brutalement sa famille, sa mémoire, tous ses repères et son innocence.

A la suite de ces événements tragiques, toute la vie est désorganisée. Dans la ville de Kigali règnent le chaos et la débrouillardise. Faustin dort dans un bâtiment en construction abandonné, vole, boit, fume, sniffe en compagnie de Musinkôro et d'autres adolescents.

Rendu vulnérable par son vécu dramatique, trop habitué au désordre ambiant et à la loi du plus fort, Faustin ne réussit pas à s'adapter à la vie réglée de l'orphelinat de la Cité des Anges bleus où l'a emmené Claudine Karemera, assistante sociale, chargée d'atténuer les profondes blessures des enfants. Il fuit pour retrouver ses copains jusqu'à ce qu'il commette l'irréparable et se retrouve en prison au Club des Minimes.

A travers le parcours de Faustin, le roman raconte l'histoire de toute une génération sacrifiée.

Extrait: *Les premiers jours, pour m'occuper, je fis ce que tout le monde faisait: aider les soldats à charger les machettes et les cadavres, à orienter les ambulances vers les blessés auxquels il restait une petite chance. Sous la véranda du Grec était entreposée une pile de sacs de café que le Blanc dans sa fuite vers le Kenya avait oublié de ranger dans ses magasins. Y avait pas lit plus moelleux! Je venais dormir là-dessus quand j'avais fini de tourner autour du marché en compagnie des veuves et des chiens errants.*

Lecture à partager, lecture pour soi.

De Tierno Monenembo on pourrait aussi lire: Les écailles du ciel, Cinéma.

> *Je dévore des livres choisis pour leur taille – pas moins de sept ou huit cents pages. Le temps passé à lire n'est pas vraiment du temps.*
> La folle allure, Christian Bobin

Aller simple (Un)

Roman de Didier de Cauwelaert (né en 1960 à Nice), publié à Paris au Seuil en 1994, *Le livre de poche.*

A Marseille, Ami 6, appelé aussi Aziz, grandit dans une tribu tsigane qui l'avait enlevé dans la voiture Ami 6 qu'ils avaient percutée. Il apprend à voler, se spécialise dans les autoradios, mais reste le *gadjo.* Lors d'une descente de police, Aziz est arrêté et comme, selon ses (faux) papiers, il s'appelle Aziz Kemal, originaire du Maroc, le gouvernement français décide de le rapatrier dans son (faux) pays d'origine. Il est accompagné par Jean-Pierre Schneider, attaché humanitaire, chargé de vérifier que sa réinsertion se passe bien. C'est ainsi que les deux hommes accomplissent ensemble un voyage mouvementé à la recherche d'Irghiz dans le Haut Atlas, lieu d'origine d'Aziz, inventé de toutes pièces par l'auteur des papiers d'Aziz.

Au fil de leur périple, Aziz invente des contes qui permettent à Jean-Pierre de fuir son quotidien et ses soucis.

Roman d'aventure au rythme rapide, plein de fantaisie et au dénouement inattendu.

Extrait: – *Tout le monde s'en fout d'Irghiz. Evidemment: personne connaît. C'est pour ça que c'est resté le plus bel endroit du monde, mais il faut le sauver.*
– *Enfin, pourquoi vous ne l'avez pas dit au type de* Match? *s'est écrié Jean-Pierre.*
– *J'ai répondu que c'est un secret, et que j'en avais déjà trop dit – la légende, dans mon atlas, s'arrêtait là. Je me demandais pourquoi j'avais choisi celle-ci plutôt qu'une autre. Ce n'était vraiment pas la plus pratique. Mais c'est vrai qu'elle faisait bien rêver: il suffisait de voir la tête de l'attaché.*
– *Mais alors... c'est là-bas qu'il faut que je vous reconduise?*

Lecture de vacances.

Traduction: Cauwelaert van, Didier (1996): Das Findelkind, Hamburg (Hoffmann & Campe).

Film: Un aller simple de Laurent Heynemann, 2001.

De Didier de Cauwelaert on pourrait aussi lire: Vingt ans et des poussières, Cheyenne, Poisson d'amour.

Amant (L')

Roman de Marguerite Duras (1914 en Indochine – 1996 à Paris), publié à Paris aux éditions de Minuit en 1984.

Début des années trente en Indochine (aujourd'hui le Vietnam). Elle a quinze ans et demi. Elle porte une robe en soie usagée, des souliers à hauts talons et un chapeau couleur bois de rose. Pour rejoindre son pensionnat, de l'autre côté du fleuve, à Saigon, elle prend le bac. Sur le bac, une grande limousine noire avec chauffeur en livrée, un jeune homme élégant en descend, il fume. La conversation s'engage. Il demande à la jeune fille s'il peut la reconduire. C'est alors le début d'une folle histoire d'amour et de passion. La folie et le désespoir de l'amour. Ils se rencontrent dans sa garçonnière. Tous deux sont étrangers dans ce pays, lui est Chinois, elle Européenne. Tout les oppose, lui est richissime, elle pauvre et, au-delà, leurs cultures si divergentes.

La mère de la fille est institutrice dans une école d'enfants indigènes, elle élève seule ses deux fils et sa fille dans un grand dénuement. La rencontre du Chinois est, pour la jeune fille, un déchirement total d'avec son milieu familial.

Les phrases apparemment simples, jamais inoffensives de Marguerite Duras touchent au-delà de l'imaginable.

Marguerite Duras a grandi en Indochine, où sa mère était institutrice. Elle parle, dans tous ses livres, en les variant à l'infini, d'épisodes de sa vie en Indochine et en France.

Extrait: *Je ne ferai plus jamais le voyage en car pour indigènes. Dorénavant, j'aurai une limousine pour aller au lycée et me ramener à la pension. Je dînerai dans les endroits les plus élégants de la ville. Et je serai toujours là à regretter tout ce que je fais, tout ce que je laisse faire, tout ce que je prends, le bon comme le mauvais, le car, le chauffeur du car avec qui je riais, les vieilles chiqueuses de bétel des places arrière, les enfants sur les porte-bagages, la famille de Sadec, l'horreur de la famille de Sadec, son silence génial.*

Lecture à partager, lecture pour soi.

Traduction: Duras, Marguerite (1985): Der Geliebte, Frankfurt (Suhrkamp).

Film: L'Amant de Jean-Jacques Annaud, 1992.

De Marguerite Duras on pourrait aussi lire: Moderato Cantabile, Hiroshima mon amour, Un barrage contre le pacifique, L'Amante anglaise, L'Amant de la Chine du Nord.

An (Un)

Roman de Jean Echenoz (né en 1947 à Orange), publié à Paris aux éditions de Minuit en 1997.

Un mince roman racontant l'errance de Victoire à travers la France. Elle quitte Paris un matin et y revient exactement un an plus tard.

Quand Victoire se réveille ce matin-là, elle trouve Félix mort à ses côtés. Ne se rappelant plus très bien ce qui s'est passé la veille, mais vaguement inquiète, elle fait sa valise, vide son compte en banque, prend le premier train à la gare Montparnasse et fuit Paris aussi vite que possible.

Elle loue un pavillon à Saint-Jean-de-Luz, vit alors de manière aisée et discrète. Mais sa vie se dégrade, à mesure que ses réserves financières s'amenuisent. Sa vie se déprave, elle erre, sans domicile fixe, de déroute en débandade. Jusqu'au dénouement final.

Que fuit Victoire? On ne le sait pas trop. Il y a cependant tout au long de l'année, ces rencontres insolites avec Louis-Philippe, une ancienne relation parisienne de Victoire. Il est au courant de la mort de Félix et lui apporte un semblant d'informations plutôt évasives. Et puis il y a le retour de Victoire à Paris. Roman énigmatique et haletant.

Extrait: *Si la présence de Louis-Philippe à L'Albizzia n'était pas explicable, elle n'était pas non plus sans éveiller un trouble. Lorsqu'il était passé voici quelques semaines au pavillon du golf, tout en regroupant les éclats de verre dans un Kleenex, Louis-Philippe avait grommelé qu'il regagnait Paris le soir même sans préciser s'il reviendrait. S'il résidait en ville, depuis au moins la veille en apparence, il était normal qu'il ne fût pas venu voir Victoire. Certes il se pouvait que, simplement, de passage pour un autre motif, il eût remis cette visite à plus tard.*

Lecture à partager, lecture pour soi.

Traduction: Echenoz Jean (2005): Ein Jahr, Berlin (Berlin Verlag).

De Jean Echenoz on pourrait aussi lire: *Les grandes blondes, *Je m'en vais, L'équipée malaise.

Et puis il y a, c'est vrai, les bibliothèques. Celle du Muséum, par exemple, contient deux cent mille ouvrages. C'est prodigieux. Je ne sais pas ce que je pourrais faire sans livres.
Théodore Monod, Terre et ciel, entretiens avec Sylvain Estibal

Analphabète (L')

Récit autobiographique d'Agota Kristof (née en 1935 en Hongrie, vit à Neuchâtel), publié aux éditions Zoé en 2004.

Le livre contient onze textes autobiographiques de l'auteur. Ecrits il y a des années, ils ont été oubliés puis retrouvés. Agota Kristof a passé sa petite enfance dans un milieu protégé en Hongrie. Son père était instituteur. Avec la guerre (la deuxième guerre mondiale), puis l'occupation soviétique du pays, son enfance est bouleversée. Son père est emprisonné, sa mère doit subvenir aux besoins du plus jeune frère, alors qu'Agota et son frère aîné vivent isolés en pension.

Plus tard, en 1956, Agota fuit le pays avec son mari et son bébé. Elle porte deux sacs, dans l'un les affaires du bébé, dans l'autre des dictionnaires. Dans le pays d'accueil, le Jura neuchâtelois, sa vie s'organise entre le travail en usine, les travaux ménagers et les soins au bébé. Il lui faudra bien des années pour apprivoiser la nouvelle langue, le français, et apprendre à s'exprimer par son intermédiaire.

Le livre reflète l'absolue solitude et le désarroi total de la vie en exil. Mais il raconte aussi comment l'auteur, enfant, a appris à lire sa langue maternelle, puis a perdu toute langue en quittant la Hongrie jusqu'à ce qu'elle réapprenne à parler et à lire dans la langue de l'exil.

Extrait: *C'est ici que commence le désert. Désert social, désert culturel. A l'exaltation des jours de la révolution et de la fuite se succèdent le silence, le vide, la nostalgie des jours où nous avions l'impression de participer à quelque chose d'important, d'historique peut-être, le mal du pays, le manque de la famille et des amis.*

Nous attendions quelque chose en arrivant ici. Nous ne savions pas ce que nous attendions, mais certainement pas cela: ces journées de travail mornes, ces soirées silencieuses, cette vie figée, sans changement, sans surprise, sans espoir.

Matériellement, on vit un peu mieux qu'avant. Nous avons deux chambres au lieu d'une. Nous avons assez de charbon et une nourriture suffisante. Mais par rapport à ce que nous avons perdu, c'est trop cher payé.

Lecture à partager, lecture pour soi.

D'Agota Kristof on pourrait aussi lire: *Hier, *Le troisième mensonge, Le grand cahier, La preuve.

Ange et le réservoir de liquide à freins (L')

Roman policier d'Alix de Saint-André (sans indication biographique), publié à Paris chez Gallimard dans la série noire en 1994.

Lorsque Marcel Périgault entend le mot «sabotage» accompagné d'un bruit de ferraille épouvantable, il dévale la pente pour découvrir sur la route nationale la deux-chevaux des bonnes sœurs encastrée dans la borne kilométrique. Il ne voit qu'un enchevêtrement de voiles et de bonnes sœurs. La jeune sœur Marie-Claire est morte et la mère Adélaïde grièvement blessée.

Mais qui a saboté la voiture des religieuses? Stella et Hélène, toutes deux élèves au pensionnat catholique, sont bien décidées à mener l'enquête car elles sont persuadées qu'on a voulu assassiner la mère Adélaïde. Leurs soupçons vont se confirmer, tandis que les tentatives de meurtre se poursuivent, sèment le désordre dans la maison et paniquent les bonnes sœurs. En effet, le riz des pensionnaires est empoisonné, l'archiprêtre meurt d'une piqûre mystérieuse et le nouveau prêtre, Séraphin N'Dongondo qui débarque tout droit du Bénin, est un peu décontenancé par la gabegie qui règne autour de lui.

Certes, il faut être un peu familiarisé avec les termes et rites de l'église catholique pour comprendre la trame du roman. Cependant, aux côtés de Stella et d'Hélène, on s'amuse à découvrir les démêlés des bonnes sœurs, qui derrière leurs voiles et leurs prières, sont soumises aux mêmes faiblesses que tout autre être humain.

Le roman mêle avec humour et sensibilité réalité et surnaturel. Ainsi Stella rencontre chaque jour sur son chemin d'école un ange logeant dans un arbre et qu'elle nomme Nestor.

Extrait: *Elle vous plaît ma chanson? L'ange ne répondit pas, mais éclata d'un grand rire de clochettes, une sorte de carillon, et se suspendit à une grosse branche par les pieds comme une chauve souris, dans la position dite, à l'école, «du cochon pendu».*

Depuis, même si leurs liens s'étaient resserrés, l'ange n'était jamais familier. Les rares fois où il avait parlé à Stella, c'était toujours très poliment, presque cérémonieusement, comme si le français n'était pas sa langue maternelle et qu'il l'eût appris dans un vieux manuel de conversation pour diplomates.

Lecture pour soi.

D'Alix de Saint-André on pourrait aussi lire: Ma Nanie.

Anibal

Roman d'Anne Bragance (née en 1945 au Maroc, vit en France), publié à Paris chez Laffont en 1991, *Pocket.*

Edgar, qu'on appelle communément Sweetie, vit à Saint-Jean-Cap-Ferrat avec ses parents, Hugues et Lolly, qui travaillent dans le cinéma. Le courant passe mal entre Sweetie et ses parents. Ils sont souvent absents et manquent de temps à consacrer à leur fils qui, de toute façon, correspond si mal à leurs attentes. Sweetie est mal à l'aise dans le monde artificiel et survolté de ses parents. Il n'a qu'une passion, les fleurs cultivées auprès d'André, le jardinier.

Quand Hugues et Lolly apprennent à Sweetie qu'ils vont adopter un enfant péruvien, son désarroi est d'autant plus grand que ses parents suroccupés le chargent d'apprendre l'espagnol pour communiquer avec ce nouveau membre de la famille. A son arrivée, Anibal est froidement accueilli par Sweetie qui l'appelle l'Inca et invente toutes sortes de traquenards pour lui rendre la vie plus difficile.

Or, Anibal supporte mal le climat du bord de mer et souffre d'atroces crises d'asthme. Peu à peu, Sweetie découvre son rôle de frère aîné et prend ses responsabilités face à ce petit frère démuni. Des connivences naissent entre les deux garçons car ils comprennent qu'ils ont besoin l'un de l'autre et ils se solidarisent face à l'égoïsme des adultes.

Bien que le milieu huppé des parents de Sweetie et Anibal soit plutôt rare, le désarroi des deux enfants, gavés de jouets et de gadgets, mais abandonnés à eux-mêmes, est poignant et illustre d'autres enfances en détresse.

Extrait: *Le soir, à l'heure où je vais brancher le système d'arrosage, j'ai fourré toutes mes offrandes dans mon sac de sport et je suis allé les déposer dans le trou: «Déesse, vous avez douze fils et moi j'ai seulement un frère. Alors, soyez sympa, me l'enlevez pas, faites qu'il guérisse. Regardez, je vous ai apporté tous ces trucs qui vous plaisent, je vous les offre de bon cœur, mais en échange guérissez mon frère, je vous en supplie.» Après j'ai rebouché le trou et je suis allé me coucher.*

Lecture de vacances.

D'Anne Bragance on pourrait aussi lire: La reine nue, La rose de pierre, Le voyageur de noces, La correspondante anglaise.

Antigone

Pièce de théâtre de Jean Anouilh (1910 à Bordeaux – 1987 à Lausanne), publiée à Paris aux éditions de la Table Ronde en 1946, *Folio.*

On connaît l'histoire d'Antigone. Jean Anouilh la raconte à sa manière. Il s'agit d'une tragédie, dit-il, on sait donc d'emblée que l'issue en sera funeste. Et c'est pourquoi dès le prologue, l'auteur nous en rappelle l'action.

Antigone se révolte contre l'autorité de son oncle Créon, le roi de Thèbes. Ses frères, Etéocle et Polynice, se sont entretués pour régner sur Thèbes. Créon accorde à Etéocle une sépulture royale, tandis que le cadavre du traître Polynice doit pourrir devant les portes de la ville. Quiconque enfreindra les ordres de Créon sera condamné à mort. Mais la petite Antigone les enfreint. Elle accomplit le geste symbolique et recouvre de terre le corps de son frère Polynice. On la traîne devant le roi Créon qui tente de la sauver. En effet le rôle de roi incarnant l'autorité et le pouvoir lui sied mal et Créon répugne à exécuter ses propres ordres. Or, Antigone revendique son acte, lui tient tête et refuse les compromis miteux qu'il lui propose. Tout entière dans sa faiblesse obstinée, elle s'oppose au pouvoir et s'affirme jusque dans la mort. Le geste d'Antigone a quelque chose d'héroïque et de vain à la fois.

Le texte permet d'aborder les thèmes du pouvoir, de la révolte ou de l'absurde. On peut aussi se demander si Antigone incarne une femme forte ou plutôt une femme faible.

Extrait: *Antigone*
Vous me dégoûtez tous avec votre bonheur! Avec votre vie qu'il faut aimer coûte que coûte. On dirait des chiens qui lèchent tout ce qu'ils trouvent. Et cette petite chance pour tous les jours, si on n'est pas trop exigeant. Moi, je veux tout, tout de suite, – et que ce soit entier – ou alors je refuse! Je ne veux pas être modeste, moi, et me contenter d'un petit morceau si j'ai été bien sage. Je veux être sûre de tout aujourd'hui et que cela soit aussi beau que quand j'étais petite – ou mourir.

Lecture à partager, lecture pour soi.

De Jean Anouilh on pourrait aussi lire: *Le voyageur sans bagage, La sauvage, Le Bal des voleurs, Roméo et Jeannette, L'Alouette, Becket ou l'honneur de Dieu.

Appel des arènes (L')

Roman d'Aminata Sow Fall (née en 1941 à Saint Louis au Sénégal), publié à Dakar aux Nouvelles Editions Africaines en 1982.

Les parents de Nalla ont fait leurs études en Europe. Son père est vétérinaire, sa mère est sage-femme. Ils sont rentrés au Sénégal pour exercer leur métier en propageant les bienfaits du progrès européen et pour apprendre à leur fils Nalla les bonnes manières européennes. Ils boycottent leurs voisins, car ils n'ont, selon eux, ni hygiène ni éducation. Mais Nalla se rebiffe et se réfugie dans les histoires que sa grand-mère, Mame Fari, qui *est bien avec le passé,* lui racontait quand il vivait chez elle. Il se lie d'amitié avec Malow, le lutteur, porteur de tous les mythes du passé et qui lui fait découvrir la lutte traditionnelle et la musique du tam-tam. Monsieur Niang, le professeur particulier de Nalla, est le seul à vraiment comprendre l'enfant. Il tente de lui ouvrir l'esprit aussi bien aux valeurs du passé qu'à celles du présent en lui permettant, par exemple, d'écouter les paroles des chanteurs traditionnels, puis en lui faisant analyser leurs verbes. Mais les parents de Nalla ne l'entendent pas de cette oreille et le chassent.

Le roman évoque les conflits entre la tradition et la modernité, mais aussi le clivage entre les générations.

Extrait: – *Avez-vous discuté avec lui pour savoir ce qui l'attire vers la lutte?*

Pas de doute que la question de Monsieur Niang, professeur et donc présumé modèle, a surpris Diattou. Elle a regardé l'éducateur d'une manière assez curieuse, puis elle a crié:

– Mais Monsieur Niang, nous n'avons pas à discuter avec lui! Vous savez bien en tant qu'enseignant que l'on n'a pas à discuter avec les enfants sur certaines choses!

Lecture à partager, lecture pour soi.

Traduction: Aminata Sow Fall (2001): Die Rückkehr der Trommeln, München (Edition Kappa).

D'Aminata Sow Fall on pourrait aussi lire: La grève des Battu, L'Ex-père de la nation, Le jujubier du patriarche.

Le garçon n'avait jamais entendu parler de l'écriture. Comment ces caractères inertes pouvaient-ils contenir tant d'histoires, d'intrigues, de combats et de beautés?
Les hommes qui marchent, Malika Mokeddem

Art

Pièce de théâtre de Yasmina Reza (née en 1955 en France), publiée à Arles chez Actes Sud en 1994, *Le livre de poche, Klett.*

Serge, Marc, Yvan, trois amis dans la quarantaine avec une bonne situation. Serge est médecin, Marc ingénieur et Yvan représentant dans une papeterie en gros. Les scènes se passent à tour de rôle chez Serge, chez Yvan ou chez Marc.

Serge a acheté un tableau du célèbre peintre Antrios, l'a payé très cher et le fait admirer à ses amis. Marc n'apprécie pas le tableau – il est entièrement blanc – et éclate de rire, Serge en est mortifié. Yvan est plus conciliant, mais perplexe.

Serge fréquente intensément le monde de l'Art et en suit toutes les modes, Marc passe pour un traditionaliste, réfractaire au monde moderne. Yvan, de son côté, a des problèmes avec ses différentes belles-mères, son mariage imminent et ne sait où donner de la tête. Leur amitié est minée par la présence du tableau, les reproches réciproques fusent. Pour se calmer, Marc se réfugie dans les médicaments homéopathiques, Yvan dans les formules de son psychanalyste, Serge dans l'aigreur.

Avec humour, la pièce fustige les relations superficielles et les faux-fuyants de notre monde actuel.

Extrait: *Marc. Mon ami Serge a acheté un tableau.*
C'est une toile d'environ un mètre soixante sur un mètre vingt, peinte en blanc. Le fond est blanc et si on cligne des yeux, on peut apercevoir de fins liserés blancs transversaux.

Mon ami Serge est un ami depuis longtemps.

C'est un garçon qui a bien réussi, il est médecin dermatologue et il aime l'art.

Lundi, je suis allé voir le tableau que Serge avait acquis samedi, mais qu'il convoitait depuis plusieurs mois.

Un tableau blanc, avec des liserés blancs.

Lecture à partager, lecture pour soi.

Traduction: Reza, Yasmina (1996): Kunst, Lengwil (Libelle).

De Yasmina Reza on pourrait aussi lire: L'homme du hasard, Conversations après un enterrement, La Traversée de l'hiver (réunis avec Art en un seul livre), Trois versions de la vie (Reclam).

Au revoir les enfants

Scénario de film de Louis Malle (1932 en France – 1995 à Los Angeles), publié à Paris chez Gallimard en 1987, L'Avant-scène 1988, *Folio, Reclam*.

Pour écrire (et tourner) *Au revoir les enfants*, Louis Malle s'inspire d'événements dramatiques de sa propre enfance. Souvenirs pleins d'angoisse, de solitude et de tristesse.

L'histoire se passe dans un collège catholique en 1944 pendant l'Occupation. La tension est grande. Présence intense des militaires allemands et des miliciens français au restaurant, aux bains-douches, dans la forêt.

Julien Quentin est intrigué par un nouveau camarade, Jean Bonnet. Il fouille dans ses affaires, découvre son vrai nom Jean Kippelstein, il est juif. Tous deux très bons élèves, Julien et Jean se lient d'amitié.

Lorsque le père Jean renvoie Joseph, l'aide de cuisine, pour raison de marché noir, ce dernier se venge en dénonçant le collège qui cache des jeunes gens réfractaires au travail obligatoire en Allemagne et des enfants juifs. Le père Jean et les enfants juifs sont arrêtés, déportés. Les dernières paroles du père Jean aux enfants réunis dans la cour du collège: Au revoir, les enfants! A bientôt.

Extrait: *Le Père Jean: Vous en privez vos camarades.*

(A tous): Pour moi, l'éducation, la vraie, consiste à vous apprendre à faire bon usage de votre liberté. Et voilà le résultat! Vous me dégoûtez. Il n'y a rien que je trouve plus ignoble que le marché noir. L'argent, toujours l'argent.

François: On ne faisait pas d'argent. On échangeait, c'est tout.

Le Père Jean s'avance vers lui, le visage dur.

Le Père Jean: Contre quoi?

François (après hésitation): Des cigarettes.

Le Père Jean: Quentin, si je ne savais pas tous les problèmes que cela poserait à vos parents, je vous mettrais à la porte tout de suite, vous et votre frère.

Je suis obligé de renvoyer Joseph, mais je commets une injustice. Vous êtes tous privés de sortie jusqu'à Pâques. Vous pouvez retourner à l'étude.

Lecture à partager, lecture pour soi.

Film: Au revoir les enfants de Louis Malle, 1987.

De Louis Malle on pourrait aussi lire: Le souffle au cœur, Lacombe Lucien.

Autobiographie d'une Courgette

Roman de Gilles Paris (né en 1959 à Suresnes en France), publié chez Plon en 2002, *J'ai lu.*

Icare aime qu'on l'appelle Courgette. Il a neuf ans et vit avec sa mère alcoolique qui parle à la télé au lieu de s'adresser à lui. Un jour, Courgette, abandonné à lui-même, s'amuse avec un revolver trouvé au fond d'un tiroir et tue sa mère accidentellement.

Accouru sur le lieu du drame, le gendarme Raymond emmène Courgette au foyer d'accueil Les Fontaines où il va découvrir l'affection et apprendre à vivre avec d'autres enfants fragilisés et, comme lui, malmenés par la vie. Il y fait la connaissance, par exemple, de Simon qui, fait étrange, est au courant de tout ce qui concerne les autres enfants, d'Ahmed qui ne cesse de pleurnicher et surtout de la douce Camille qui devient le grand amour de Courgette.

Madame Papineau, la directrice, Rosy, Pauline et les autres éducateurs sont là pour parer aux douleurs, répondre aux questions délicates ou limiter les dégâts en tous genres. Et enfin, il y a les visites régulières du gendarme Raymond qui s'est pris d'amitié pour Courgette.

Courgette nous raconte son quotidien sans fausse naïveté, avec un zeste d'humour et pas mal de tendresse. Il ne s'agit pas d'un tableau misérabiliste ni des doléances d'enfants mal compris et maltraités en institution, mais il s'agit du portrait d'enfants malchanceux qui tentent de remonter la pente, entourés d'adultes sensibles mais aussi vulnérables qu'eux.

Extrait: *Des fois, tu sais, je rêve que je suis encore avec maman. J'ai pas fouillé dans son tiroir, j'ai pas joué avec le revolver. Elle parle toujours à la télé et je suis tout seul. Je peux jouer aux billes avec le gros Marcel ou avec Grégory et je peux envier le fils au voisin qui parle aux cochons, mais ça dure pas longtemps et je sais pas quoi faire quand je suis à la maison. Un jour je suis grand et je vais travailler à l'usine et quand je rentre c'est pour servir des bières à maman et on regarde la télé tard dans la nuit et on s'endort plus dans nos lits, mais dans les canapés, et je suis bien content de me réveiller et de savoir que j'ai fouillé un jour dans ses tiroirs.*

Lecture de vacances.

Traduction: Paris, Gilles (2004): Autobiographie einer Pflaume, München (Knaus).

Autoportrait (à l'étranger)

Récit de Jean-Philippe Toussaint (né en 1957 en Belgique), publié aux Editions de Minuit en 2000.

En peu de pages, une escale, de Tokyo à Hongkong, quelques villes d'Europe aussi, Berlin, Prague, Cap Corse, pour terminer le périple à Kyoto au Japon. Le narrateur – qui a quelque complicité avec l'auteur – prend un ton presque badin pour voiler son anxiété, relater ses étonnements, que ce soit en achetant sa portion d'aspic à Berlin, s'agrippant sur le siège arrière d'une moto au milieu d'une circulation effrénée à Hanoi ou coincé dans un taxi tunisien souffrant de savoir que ses belles chemises se font lamentablement écraser par les bagages de deux femmes archéologues.

Il s'agit d'une expérience existentielle particulière pour le voyageur tentant désespérément de se mettre au diapason de son entourage. Le décalage culturel, l'inattendu décontenancent ou rendent maladroit. Ou peut-être ne se révèle-t-on véritablement à soi-même que dans un univers qui dérange le quotidien.

Ce petit livre permet de réfléchir sur l'utilité des voyages, sur la notion et la relativité des cultures.

Extrait: *La francophonie, au Vietnam, est en déclin, j'ai pu le constater au terme d'un voyage d'études d'une dizaine de jours à Hanoi. Le soir de mon arrivée, à peine débarqué de l'avion, dans la cohue qui se pressait dans la nuit devant les portes d'arrivée de l'aéroport, mon sac de voyage noir et flexible à la main, une goutte de transpiration perlant sur mon front, stoïque, immobile, cherchant mes hôtes des yeux, je fus abordé par un Vietnamien empressé et aimable.* Möchten Sie ein Taxi? *me dit-il.* Nein, danke, *lui dis-je, dans un allemand qui dépérissait de jour en jour.* Um nach Hanoi zu fahren, *ajouta-t-il en m'invitant à le suivre.* Nein, ich danke Ihnen, *dis-je. Je n'avais pas besoin de taxi (en principe, j'étais attendu par quelqu'un de l'ambassade de France).*

Lecture à partager, lecture pour soi.

Traduction: Toussaint, Jean-Philippe (2001): Selbstportrait (in der Fremde), Frankfurt (Frankfurter Verlagsanstalt).

De Jean-Philippe Toussaint on pourrait aussi lire: *La télévision, La salle de bain, Monsieur, L'appareil-photo.

Autoroute

Roman de François Bon (né en 1953 en Vendée), publié à Paris au Seuil dans la collection Page Blanche en 1999.

Tout commence ce lundi, 18 mai, porte d'Italie, à Paris. Le cinéaste Verne et le narrateur s'apprêtent à passer sept jours sur l'autoroute, entre le bitume et le ciel. Verne filmera, tandis que le narrateur notera minutieusement tout ce qu'ils voient et tout ce qui se passe autour d'eux.

A Beaune, ils rencontrent un couple qui cherche, à l'aide d'un détecteur de métal, les alliances jetées dans l'herbe lors d'une violente dispute l'année précédente. Entre-temps ils se sont raccommodés et ont besoin de ce gage de leur réconciliation. Mais il y a aussi l'homme qui vit dans sa BX sur une aire de l'autoroute depuis une vingtaine de jours et refuse de la quitter pour la bonne raison que sa femme a quitté leur domicile commun. Ou encore Ishuo, le Japonais qui photographie *la route, le ciel et la terre,* mais jamais un être humain. Une multitude d'autres rencontres insolites, comme ces deux enfants oubliés par leurs parents ou la chorale de femmes répétant avec, en arrière-plan, le bruit des voitures défilant à toute allure.

Mais c'est surtout la rencontre avec Dinara, la jeune camionneuse de Petersbourg qui conduit un semi-remorque et fait le trajet Petersbourg – Château-Thierry une fois par semaine. Avec elle, on le comprend rapidement, c'est l'aventure, la vraie.

L'objectif du voyage du cinéaste et de l'écrivain est de faire parler notre entourage quotidien, d'apprendre à le regarder, à s'en étonner aussi et à s'interroger sur soi-même.

Extrait: *Celui un peu plus loin, dans un Iveco vert avec une bande jaune en diagonale, et qui tirait sur sa remorque un bateau gigantesque, lui-même emballé comme dans du papier cadeau par un nylon sanglé, et l'homme tricotait à son volant, en short et la porte ouverte, perché à deux mètres au-dessus du sol et n'arrêtant même pas ses doigts pour nous répondre:*

«C'est ce qui me repose le plus, voyez-vous. Il faut penser à ce qu'on fait, pas se tromper. Alors à chaque parking je reprends ma laine, j'avance de deux ou trois rangs.»

Lecture de vacances.

De François Bon on pourrait aussi lire: 30, rue de la poste, C'était toute une vie, L'enterrement.

Autre (L')

Roman d'Andrée Chedid (née en 1920 au Caire, vit à Paris), publié chez Flammarion en 1969, *J'ai lu, Castor poche illustré, Librio.*

Le roman se passe dans un pays méditerranéen non précisé. Il comporte trois parties, *Terre rase, L'autre* et *Premier jour.*

A l'aube, le vieux Simm traverse paisiblement son village, en compagnie de son chien Bic. Dans l'embrasure d'une fenêtre du seul hôtel du village, Simm croise le regard d'un jeune homme en train d'ouvrir ses volets. Puis la terre tremble. Le village est entièrement détruit. Mais Simm est persuadé que, sous les décombres, le jeune étranger est vivant. Obstiné, il fait venir les secours avec des instruments sophistiqués, car il a entendu, venant des décombres, une voix qui doit être celle du jeune étranger. Or, les sauveteurs n'entendent rien. Vont-ils abandonner? S'agit-il vraiment du jeune homme et sera-t-il sauvé?

Le roman met en présence deux générations, deux cultures différentes, mais il parle aussi de l'amitié, de la confiance et de la persévérance.

Extrait: *Déjà Simm avait repris sa place.*
– Hôoooooo!... Hôoooooo!... Ils t'ont entendu... Ils restent!... tu sortiras!
– Tu crois qu'il te comprend, passant comme tu fais sans arrêt d'une langue à l'autre?
– L'autre matin, il m'a salué avec des paroles de chez nous... Moi, je fais collection des mots de tous les pays, c'est ma marotte!... Hôoooooo!... Tu seras dehors. Tu verras le soleil. Je te le dis!
– Ne te réjouis pas trop tôt, Simm. C'est maintenant que les complications commencent.

Lecture à partager, lecture pour soi.

Traduction: Chedid, Andrée (2000): Verschüttet, Bad Honnef (Horlemann).

Film: L'autre de Bernard Giraudeau, 1990.

D'Andrée Chedid on pourrait aussi lire: *L'enfant multiple, *Les manèges de la vie, Le sixième jour, La maison sans racines (nouvelles), Derrière les visages (nouvelles), La femme en rouge et autres nouvelles.

Il lit. Il a des amis, Santiago, veux-tu que j'aille pêcher des sardines pour demain?
Lis et tais-toi, Annie Saumont

Bab-el-Oued

Roman de Merzak Allouache (né en 1944 à Alger, vit en France), publié à Paris au Seuil en 1995.

Bab-el-Oued, un quartier populaire d'Alger dans les années 80. Boualem, un jeune boulanger, travaille la nuit et dort le jour. Mais à toute heure de la journée, le haut-parleur, arrimé à la terrasse de la maison, hurle le prêche de l'imam Rabah et l'empêche de dormir. Lorsqu'il arrache le haut-parleur dans un accès de rage, il sait confusément que son geste va lui créer plein d'ennuis. Yamina, qui a assisté à la scène, à son insu, ne le dénoncera pas, car elle l'aime en silence. Or quand Saïd, militant musulman et frère de Yamina, apprend le sacrilège, il met tout en œuvre pour punir l'auteur de cet acte impie.

D'autres êtres malheureux ou pitoyables hantent le quartier, tels Mess, *l'imigri,* l'immigré, à la recherche de son passeport pour retourner en France où il est né, Ourdya, jeune bourgeoise recluse dans son appartement avec ses bouteilles de vin ou les trois chômeurs toxicos et désespérés hantant les rochers au bord de la mer.

Le roman met en scène les tensions de la ville où le pouvoir des islamistes s'étend. Le chômage bouche l'horizon des jeunes, le marché noir des *trabendistes* crée une vie parallèle et les femmes sont les premières victimes de l'intolérance et de la violence. Mais on apprend aussi, à travers les destins individuels, comment on en est arrivé là.

Extrait: *L'animosité entre Saïd et Boualem est presque aussi ancienne que l'amour de ce dernier pour Yamina. Des enfants du même quartier, du même immeuble, qui ont grandi ensemble, ont fréquenté l'école primaire de la rue Camille-Douls, ont fait les mêmes conneries. Saïd et Boualem, copains d'enfance, étaient faits pour être inséparables. Leurs caractères étaient certes différents mais ils s'appréciaient, vivaient les problèmes de la majorité des jeunes du quartier et du pays, la* hogra, *la pauvreté, l'exclusion, l'absence de perspective.*

Lecture pour soi.

Film: Bab-el-Oued City de Merzak Allouache, 1995.

> *Je lis. C'est comme une maladie. Je lis tout ce qui me tombe sous la main, sous les yeux: journaux, livres d'école, affiches, bouts de papier trouvés dans la rue, recettes de cuisine, livres d'enfant. Tout ce qui est imprimé.*
> L'Analphabète, Agota Kristof

Baiser sans moustache (Un)

Roman policier de Catherine Simon (née à Lyon), publié à Paris chez Gallimard, série noire, en 1998, *La bibliothèque Gallimard.*

Alya prend le premier avion pour l'Algérie dès qu'elle apprend le décès de sa mère, Yolande, tuée en plein marché. Or, à Alger, Alya découvre avec stupeur que sa mère n'est pas morte, mais a disparu après une visite chez sa couturière. Pourquoi la famille tient-elle tant à cacher cette disparition et préfère-t-elle la faire passer pour morte? Autour d'Alya règne une atmosphère inquiétante, les gens deviennent mabouls, le bruit des sirènes est permanent, des ombres inquiétantes rasent les murs et sans cesse il y a des attentats.

Dans la vieille Renault brinquebalante d'Emna Aït Saada, une universitaire pleine de verve et la meilleure amie de Yolande, Alya sillonne les rues d'Alger à la recherche de sa mère. Taoufik, journaliste au chômage et Hocine, un petit garçon débrouillard, les accompagnent et les guident. En leur compagnie, Alya découvre les difficultés et les traquenards de la vie quotidienne, et s'étonne que dans l'immeuble pourtant neuf d'Emna, il n'y ait de l'eau que tous les trois jours.

Enfin Alya et Emna comprennent que Yolande a mis la main dans un engrenage dont il n'est pas certain qu'elle sortira indemne. Sur les traces de Yolande, elles découvrent la rapacité des uns, la couardise des autres, les complots qui se trament et les drames familiaux occultés.

Catherine Simon, journaliste, a vécu à Alger et son regard perspicace permet de rendre plus compréhensible une situation complexe en l'appréhendant par le biais de l'intrigue policière.

Extrait: – *On vole leurs femmes, on les tue sous leur nez, et eux, ils restent plantés là, avachis comme des sacs de semoule! ajouta-t-elle, avec un rictus de dégoût.*

«Ma parole! elle a pété les plombs!» se dit Alya, médusée. La tante Badia, tout en cherchant une nouvelle provision d'insultes, défiait du regard les mâles de la famille. Prise d'une subite inspiration, elle cracha dans leur direction. Alya n'attendit pas la suite. Elle en avait soupé de cette maison de fous. Elle avait besoin d'air, de calme. Une seule personne pouvait l'aider. Ramassant son sac au passage, Alya quitta l'appartement, en faisant claquer la porte derrière elle.

Lecture pour soi.

Balzac et la Petite Tailleuse chinoise

Roman de Dai Sijie (né en 1954 en Chine, vit en France), publié à Paris chez Gallimard en 2000, *Folio.*

L'auteur raconte un épisode de la révolution culturelle chinoise qu'il a vécue. Au début des années 1970, le président Mao envoie les enfants des intellectuels à la campagne, afin de leur apprendre la vie au contact des paysans pauvres.

Deux adolescents, fils de médecins célèbres mais déchus, partent pour un village de montagne, *Phénix du Ciel,* afin d'y être rééduqués. Le vieux chef de village se méfie des jeunes citadins, mais il est séduit par le morceau de violon joué par l'un des garçons et (soit-disant) intitulé *Mozart salue le président Mao*, tandis que l'autre garçon conquiert les villageois par sa capacité de raconter des histoires dont ils sont tous friands.

En pénurie d'histoires, les villageois envoient les deux garçons au cinéma de la ville voisine pour y faire provision de récits. Puis les deux garçons ont la chance de dérober, chez un camarade d'infortune, une valise bourrée de livres de Balzac, Dumas et Hugo. Ils dévorent les livres, puis les racontent aux insatiables villageois.

Or, c'est sur la Petite Tailleuse que leurs récits auront le plus grand effet. Luo décide de la transformer, elle ne sera plus jamais une simple montagnarde, dit-il. Il y réussira au-delà de son espérance et de manière tout à fait inattendue.

Bien que le livre évoque une période pénible de l'histoire chinoise, il nous rappelle également et avec humour que chacun a besoin d'histoires pour vivre. Le livre est un véritable hymne à la lecture et à la narration.

Extrait: *Ce vieux Balzac, continua-t-il, est un véritable sorcier qui a posé une main invisible sur la tête de cette fille; elle était métamorphosée, rêveuse, a mis quelques instants avant de revenir à elle, les pieds sur terre. Elle a fini par mettre ta foutue veste, ça ne lui allait pas mal d'ailleurs, et elle m'a dit que le contact des mots de Balzac sur sa peau lui apportait bonheur et intelligence.*

Lecture à partager, lecture pour soi.

Traduction: Sijie, Dai (2001): Balzac und die kleine chinesische Schneiderin, München (Piper).

Film: Balzac et la petite tailleuse chinoise de Dai Sijie, 2002. Le scénario du film a paru dans la collection de l'Avant-scène n°512, mai 2002.

Beauté sur la terre (La)

Roman de C.-F. Ramuz (1878 à Lausanne – 1947 à Lausanne), publié à Lausanne chez Mermod, 1927, *Poche suisse.*

Milliquet, aubergiste dans un village vaudois, recueille Juliette, sa nièce orpheline de dix-huit ans. Juliette arrive de Cuba, où son père s'était établi et marié. Belle et sauvage, elle se terre dans sa chambre et, sans le savoir, déchaîne les passions, la convoitise et la haine parmi les hommes et les femmes du village.

Lorsque Juliette se met à servir à l'auberge, les recettes de Milliquet se multiplient, car tous, dorénavant, la fréquentent pour apercevoir la belle Juliette. Jalouse de ce succès, Rosalie, la femme de Milliquet, la chasse et Juliette se réfugie chez Rouge, vieil ami de Milliquet.

Milliquet regrette le départ de Juliette, car les clients sont moins nombreux et il se fâche avec Rouge.

D'autres hommes encore convoitent Juliette: Maurice qui a abandonné sa fiancée, le Savoyard qui la poursuit de ses assiduités et même les sentiments de Rouge à son égard ne sont plus très clairs. Seul le petit cordonnier bossu réussit, grâce à son accordéon, à rendre un peu de confiance à Juliette.

Chacun forge son plan pour s'approprier Juliette lors de la fête du 15 août, mais les choses prendront une tournure inattendue.

Extrait: *La preuve, c'est qu'elle l'a entendu depuis sa chambre, et même qu'elle était couchée et elle l'a entendu depuis son lit (il inventait). C'est la musique qui l'a fait se lever, la musique qui l'a fait venir. Milliquet à lui tout seul n'y aurait rien pu. S'il dit le contraire, il se vante. Sans la musique, je vous affirme, moi, qu'elle n'aurait pas bougé; d'ailleurs c'est elle qui me l'a dit. Et puis, rappelez-vous, quand elle est arrivée... On a bien vu pourquoi elle venait et pour qui. Une fille comme elle et la musique, ça va ensemble. Personne ne l'avait aperçue encore, et elle avait été jusqu'à ce jour-là comme une morte; mais voilà, c'est des filles qui sont faites ainsi: un petit air de danse les ressusciterait. C'est ces pays d'où elles viennent, des pays chauds. Vous n'avez qu'à vous rappeler cette entrée...»*

Lecture à partager, lecture pour soi.

Traduction: Ramuz, C.-F. (1986): Die Schönheit auf Erden, Berlin (Ullstein).

De Ramuz on pourrait aussi lire: *Farinet ou la fausse monnaie, *Si le soleil ne revenait pas, Derborence, La Grande Peur dans la Montagne, Aline.

Be-bop

Roman de Christian Gailly (né en 1943), publié à Paris aux éditions de Minuit en 1995, *Double.*

Le mois d'août, côté français du lac Léman.

Chaque partie du roman est introduite par une petite annonce. Dans la première, une entreprise d'assainissement cherche un employé. Basile Lorettu, saxophoniste sans travail, se fait engager pour exécuter des travaux de pompage. Dans la deuxième partie, Paul Saint-Sabin et sa femme Jeanne louent, sur petite annonce, une *superbe villa savoyarde, face au lac* pour y passer leurs vacances. Mais dès leur arrivée, les conduites d'eau de la villa sont bouchées et ils font appel à une entreprise d'assainissement. C'est ainsi que Paul et Basile se rencontrent. Lorsque Basile chante un thème de Charlie Parker en rangeant ses tuyaux, ils se découvrent tous deux musiciens. Basile joue du sax alto, Paul jadis a joué du sax ténor. Et dans la troisième partie, Paul et Jeanne vont assister au concert que donnent Basile et son quintette le dimanche au monastère.

Tout cela semble bien anodin. Ce ne l'est pourtant pas. Car tous ces éléments vont s'entrelacer jusqu'au be-bop final dans lequel la fille de Cécile va entraîner Jeanne. L'auteur crée un réseau de complicité plein de sensibilité et d'humour autour d'événements certes quotidiens mais révélateurs pour chacun. Ainsi Paul et Jeanne découvrent le caractère mesquin de leurs propriétaires lorsqu'ils cherchent le téléphone pour les informer des conduites bouchées et trouvent l'appareil caché à la cave sous une double couche de vieux matelas.

Enfin, il faut mentionner cette passion du jazz qui parcourt le texte – tous les grands noms défilent: Parker, Mulligan, Coltrane – et lui donne sa musique.

Extrait: *On est sur le même bateau, dit Paul. Bah oui, dit Lorettu. Vous étiez à Lausanne? dit Paul. Bah oui, dit Lorettu. Vous aussi? dit-il. Bah oui, dit Paul. Quand je vous ai reconnu, dit-il, je suis venu vous parler. Je vois ça, dit Lorettu, pour me dire quoi? Je voulais vous demander, dit Paul. Quoi? dit Lorettu. Ça vous ennuie si on vient vous écouter demain? dit Paul. Bah non, dit Lorettu, vous savez où c'est? Oui, oui, dit Paul, je vais même vous étonner, je sais aussi comment vous vous appelez. Lorettu regarde Cécile. Elle regarde Lorettu. Il est jaloux du regard de Cécile. S'il était vraiment fou, il se jetterait entre les deux.*

Lecture à partager, lecture pour soi.

De Christian Gailly on pourrait aussi lire: Un soir au club.

Belle Mère

Roman de Claude Pujade-Renaud (née en 1932 en Tunisie, vit à Paris), publié à Arles chez Actes Sud en 1994, *Babel, J'ai lu.*

1935, dans la banlieue parisienne. A 47 ans, Eudoxie, couturière à domicile, épouse Armand Bouvier, veuf avec un fils adulte. Lucien, original et sauvage, vit dans le souvenir de sa mère, Blaisine. Il s'enferme dans sa chambre et refuse de manger à la table d'Eudoxie. La vie commune s'avère plutôt difficile.

Lorsque Armand meurt dans un bombardement en 1940, Eudoxie reste seule face à l'étrange Lucien. Elle met alors tout en œuvre pour l'apprivoiser en douceur et découvre un être blessé et vulnérable d'une intelligence raffinée – il a inventé un moteur à cylindre – sous ses dehors fuyants et son apparente folie. Des connivences silencieuses s'instaurent entre eux au fil du temps. Ils se découvrent des plaisirs communs, la lecture ou les promenades dans la Quinze Citroën de Lucien.

Il s'agit d'un récit plein de tendresse et d'un discret humour. Le récit chronologique suit la perspective d'Eudoxie, en italiques on découvre les pensées de Lucien qui permettent de comprendre la nature de ses tourments.

Extrait: *La seule pièce chauffée est cette salle à manger, par un poêle dodu. Le chat s'en rapproche de plus en plus. Lucien également, avec davantage de circonspection. La plupart du temps il ne s'assoit pas, elle le devine planté là, entre le Godin et la Singer. Il l'observe – la machine bien sûr pas la couturière. On pourrait croire qu'il écoute une musique, tête légèrement inclinée.*

Quelques jours plus tard, juste avant qu'Eudoxie ne se mette au travail, il arrive avec une burette d'huile, verse deux ou trois gouttes sur chaque poulie, fait jouer plusieurs fois la pédale à pied, vérifie le mécanisme en plusieurs points, resserre les vis et termine en essuyant l'excédant de gras, délicatement, avec un chiffon.

Lecture pour soi.

Traduction: Pujade-Renaud, Claude (1997): Die Stiefmutter, Frankfurt (Fischer Tb).

De Claude Pujade-Renaud on pourrait aussi lire: *Martha ou le mensonge du mouvement, Vous êtes toute seule? (nouvelles), Un si joli petit livre (nouvelles).

Belles images (Les)

Roman de Simone de Beauvoir (1908 à Paris – 1986 à Paris), publié à Paris chez Gallimard en 1966, *Folio.*

Les années soixante à Paris. Au centre du récit se trouvent trois femmes de générations différentes: Dominique, Laurence, Catherine.

Laurence et Jean-Charles ont deux filles, Catherine et Louise. Ils vivent dans un milieu très aisé, où l'on se préoccupe avant tout de gagner de l'argent, de sortir et de correspondre à une «image» sociale favorable.

Dominique, la mère de Laurence, est une battante avec un poste en vue à la radio. Sa vie s'écroule le jour où son ami, Gilbert, la quitte pour épouser une fille de dix-neuf ans. Son image sociale est brisée.

Pour préserver ses filles des malheurs du monde (guerres, pauvreté, violence), Laurence leur interdit la télévision et la lecture des journaux. Mais elle-même vit dans un malaise grandissant et s'interroge sur cette vie de façade dont elle s'entoure. Le modèle de sa mère n'en est pas un. Le monde de la pub – monde de l'image par excellence – dans lequel elle évolue, non plus. Lorsque Catherine, sensibilisée par son amie Brigitte aux problèmes du monde, pleure chaque nuit, Laurence se réveille et décide de sauver sa fille de ce monde de faux-fuyants et d'en faire une personne consciente.

Le roman montre la génération de femmes de l'après-guerre qui a âprement lutté pour son indépendance (Dominique), la génération qui grandit dans l'aisance (Laurence) et fait face à de nouvelles questions pour éduquer ses enfants (Catherine et Louise).

Extrait: *Laurence fait un effort, elle prend une voix raisonnable:*
– *C'est simple. C'est moi qui m'occupe de Catherine. Toi tu interviens de loin en loin. Mais c'est moi qui l'élève, et c'est à moi de prendre des décisions. Je les prends. Elever un enfant, ce n'est pas en faire une belle image...*

Malgré elle, la voix de Laurence se monte, elle parle, elle parle, elle ne sait pas exactement ce qu'elle dit, peu importe, l'important c'est de crier plus fort que Jean-Charles et que tous les autres, de les réduire au silence. Son cœur bat très fort, ses yeux brûlent:
– *J'ai pris mes décisions, et je ne céderai pas.*

Lecture à partager, lecture pour soi.

Traduction: Beauvoir de, Simone (1968): Die Welt der schönen Bilder, Berlin (Rowohlt).

De Simone de Beauvoir on pourrait aussi lire: Mémoires d'une jeune fille rangée, La femme rompue, Une mort très douce.

Cantique des plaines

Roman de Nancy Huston (née en 1953 à Calgary, vit à Paris), publié à Arles chez Actes Sud en 1993, *J'ai lu*.

Le roman raconte la vie de Paddon à Calgary, au Canada. Après la mort de son grand-père, Paula reconstitue sa vie à l'aide du journal qu'il lui a laissé. Les parents de Paddon, John et Mildred, faisaient partie des pionniers qui ont défriché les terres dans un environnement dur et inhospitalier. Elevé dans un milieu méthodiste très strict, Paddon s'en libère en étudiant l'histoire et la philosophie, se marie avec Karen avec qui il a trois enfants – dont Ruthie, la mère de Paula – et enseigne l'histoire au lycée de Calgary. Mais il s'ennuie profondément dans sa vie étriquée, monotone et, pour y échapper, il rêve d'écrire une thèse sur l'histoire du temps.

Avec la rencontre de Miranda, tout change. Elle est Indienne, peintre et très belle. Il l'aime, elle lui apprend la vie. Elle lui raconte la lamentable histoire de la pacification des Indiens, la vie dans la réserve, l'alcoolisme des hommes, les enfants mis en internat pour les couper de leurs parents et comment ils en mouraient. En lui donnant le passé de son peuple et le bonheur du présent, Miranda permet à Paddon de se remettre à ses travaux sur le temps.

Avec Paddon et Miranda ce sont deux civilisations, deux vérités, deux modes de vie qui se découvrent: l'histoire des défricheurs blancs de l'Atlanta face à celle de l'extermination des Indiens. Mais c'est aussi une émouvante histoire d'amour.

Le récit n'est pas chronologique, ce qui en intensifie le suspense, mais demande une lecture attentive.

Extrait: *Elle ne t'a pas raconté l'histoire de son père mais elle t'a raconté d'autres histoires, couchée près de toi dans le lit, son corps collé au tien mais ses yeux fixés au plafond, les histoires qu'on lui avait apprises dans son enfance, si différentes de ton* Voyage du chrétien, *histoires de traîtrises et de perte et d'abandon, et à l'écouter tu as su que tu entendais une chose vraie et sacrée, plus vraie et plus sacrée que tout ce que tu avais pu entendre à l'église, et tu t'es demandé comment tu ferais pour continuer à donner des cours d'histoire remplis de silences assourdissants.*

Lecture à partager, lecture pour soi.

De Nancy Huston on pourrait aussi lire: *L'empreinte de l'ange, Les variations Goldberg, Trois fois septembre.

Cercle de famille (Un)

Roman de Michèle Gazier (née 1946 à Béziers), publié à Paris au Seuil en 1996, *Folio.*

Céline attend un garçon. On l'appellera Clément, suggère Charles, le père de l'enfant. Ce nom rappelle alors à Céline cet arrière-grand-père du même nom, figure emblématique de la famille, qui aimait le jeu, les femmes et a détruit sa famille. De cet ancêtre, autoritaire et fragile, on parle peu. A tour de rôle, Florence, la mère de Céline et Julien son grand-père cherchent dans leur mémoire ce qu'ils savent de lui, retournant à l'occasion sur ses traces à Béziers pour reconstituer le roman familial.

Jadis Clément Rodoreda et sa femme Milia sont venus d'Espagne pour s'installer à Béziers où Jean, Julien, Sandra et Paula, leurs enfants sont nés. Clément gérait les biens de Monsieur Brady, un gros propriétaire terrien. A la fois employé et ami, Clément Rodoreda jouait avec lui et d'autres compagnons des journées et des nuits entières, gagnant un jour, mettant le lendemain sa famille sur la paille.

Les différents narrateurs permettent ainsi de s'approcher de l'ancêtre, d'en nuancer les éclairages et de mettre en relief les rapports différents que trois générations de part et d'autre de la frontière française et espagnole ont tissés avec lui.

C'est un roman sur la mémoire et les liens familiaux occultés. C'est aussi le roman d'une famille éclatée entre le sud de la France et l'Espagne et d'une période mouvementée, la guerre civile espagnole et la Résistance en France.

Extrait: *Le dernier objet expédié était une boîte de dominos en bois d'ébène et en nacre. «Ses dominos avec lesquels il a perdu et gagné, gagné puis perdu l'argent du foyer.» C'était dit sans amertume. Puis mon père a ajouté: «Je les ai mis de côté, je les offrirai au petit Clément. C'est à lui qu'ils reviennent de droit. Tu sais, je crois que mon père aurait été heureux et fier, surtout fier, que ton petit-fils s'appelle comme lui.».*

Lecture à partager, lecture pour soi.

De Michèle Gazier on pourrait aussi lire: Histoires d'une femme sans histoire, L'été du secret, En sortant de l'école (nouvelles), Sorcières ordinaires (nouvelles), Les garçons d'en face.

C'était toute une vie

Récit de François Bon (né en 1953 en Vendée), publié à Lagrasse chez Verdier en 1995.

Ce livre est une fiction, les personnages, les lieux sont en partie réels et en partie imaginaires, affirme l'auteur. Il connaît bien les lieux, il y a travaillé avec ses habitants.

Lodève est une petite ville de sept mille habitants dans le sud de la France. Jadis florissante grâce à son industrie textile, elle est aujourd'hui vouée à l'immobilisme, au chômage. Nombre de maisons vides sont à vendre, d'autres se sont déjà effondrées.

C'est l'histoire de Myriam, mère de trois enfants, seule, sans travail, sans débouchés. Elle se réfugie dans la drogue et meurt d'une overdose. L'auteur l'avait rencontrée dans un atelier d'écriture, puis il a appris sa mort et tente de reconstituer ce qui faisait sa vie, mais aussi la vie et les lieux des autres habitants de la petite ville. Il rencontre le compagnon de la mère de Myriam, chômeur lui aussi, la mère de Myriam et sa sœur qui a recueilli les trois enfants pour les élever avec les siens.

La drogue est prédominante à Lodève et crée un cercle vicieux. On achète en début de mois quand les allocs – les allocations familiales – arrivent. A ce moment-là, les revendeurs tournent autour de leurs clients qu'ils connaissent bien. Chaque mois, le cercle se resserre un peu plus. Myriam aurait aimé y échapper, elle aurait aimé confier sa vie à l'écrivain, elle aurait eu tant de choses à dire. Elle n'y est pas parvenue.

Extrait: *Elle, qui maintenant était morte, était déjà là, dès la première séance. Cette fois-là elle avait dit: «Je ne le ferai pas. Parce que, si je devais le faire, il y en aurait tout un roman. Trois mille pages.» On avait répondu qu'on voulait bien travailler avec elle, pour que ces trois mille pages voient le jour et se construisent. Elle avait ri, elle rirait tout le temps (ou bien au contraire faisait la tête, sans qu'on puisse lui sortir un mot), et fumait trop.*

Lecture à partager, lecture pour soi.

De François Bon on pourrait aussi lire: *Autoroute, 30, rue de la poste, L'enterrement.

Chambre 112

Récit de Daniel Maggetti (né en 1961 au Tessin, vit à Lausanne), publié à Vevey aux éditions de l'Aire en 1997, *L'Aire bleue.*

Le narrateur de ce court récit rentre du Tessin et fait revivre, au rythme du trajet ferroviaire jusqu'à Lausanne, la vie du village tessinois où il a grandi. Il voyage entre le présent – son père âgé auquel il a rendu visite à l'hôpital, chambre 112 – et le passé, la vie au village et ses événements tragi-comiques ou émouvants. Parmi les habitants, on rencontre Eusebio, cet Italien marié à l'imposante Diomira. Elle dirige son petit domaine et traite son mari comme un simple salarié, ou encore Madame Wasserflut et son ami Antonio tellement plus jeune qu'elle.

Mais c'est surtout le portrait du père, paysan aux yeux topaze. Il remplissait plusieurs fonctions au village, faisait son vin et son fromage, homme à l'aise partout, avec les notables autant qu'avec les femmes, ce qui rendait son épouse malade de jalousie.

Et plus tard, lorsque le père et la mère se rendaient à Lausanne voir leur plus jeune fils, le narrateur de ce récit, ils partaient harnachés d'un panier de victuailles, lapin décongelé, légumes et un bouquet de fleurs à la main.

Beau récit sur la relation d'un fils à son père, à ses origines, mais aussi réflexion sur l'éloignement.

Extrait: *Le fait qu'il fut sacristain, président de la bourgeoisie, inspecteur du bétail, membre de la municipalité, du comité de l'Office du tourisme et de celui d'un des partis influents ne changeait pas un iota à ses agissements, il était toujours et en tous points semblable au jeune homme insouciant qui, en 1956, avait été accusé par un petit-cousin du vol de quatre cordes de chanvre et promptement emprisonné, il avait suivi les gendarmes en riant, sûr que la vérité éclaterait, ça n'avait pas manqué, le coupable était le neveu du délateur, et la grand-mère avait reçu avec une bordée d'insultes les parentes venues lui demander pardon avant d'aller à confesse la veille de Pâques.*

Lecture à partager, lecture pour soi.

De Daniel Maggetti on pourrait aussi lire: La Mort, les Anges, la Poussière (nouvelles).

Charme des après-midi sans fin (Le)

Récit de Dany Laferrière (né à Port-au-Prince en 1953, vit au Québec), publié à Montréal aux éditions Lanctôt, en 1997, *Le Serpent à plumes, motifs*.

Une enfance haïtienne. La vie à Petit-Goâve est plutôt paisible, jusqu'au jour où elle est entachée d'événements mystérieux et dramatiques. Vieux Os, le narrateur, est un petit garçon. Vieux Os, un nom très puissant, dit Nèg-Feuilles, car Vieux Os veut dire qu'il ne craint pas le temps, que le temps court dans le même sens que lui et qu'il vivra longtemps. Il est le fils bien-aimé de la mémoire. Vieux Os vit chez sa grand-mère Da. Mais la maison de Da est hypothéquée et elle reçoit de grosses enveloppes qui la rendent soucieuse. Que deviendront-ils s'ils doivent quitter la maison?

Lorsqu'une nuit, tous les hommes de Petit-Goâve sont arrêtés, même le notaire Loné, le vieil ami de Da, la peur s'amplifie. Fatal, qui est au courant de tout et colporte les dernières mauvaises nouvelles, conseille à Vieux Os de bien observer ce qui se passe, car il assiste à une leçon d'Histoire qui vaut bien une année de classe.

Par petites touches successives, l'auteur esquisse le tableau de la vie à Petit-Goâve dans un milieu où l'imagination remplace souvent les moyens matériels. Une succession de brefs épisodes décrivant la vie et les soucis des petites gens qui observent les événements, préludes aux bouleversements politiques en Haïti.

Extrait: *Brusquement, la cloche sonne. Chacun plonge sur la montagne de sacs pour récupérer le sien. Frantz, lui, se dirige vers la barrière.*
– *Où vas-tu? je fais.*
– *Je vais faire un tour du côté de la douane.*
– *Que vas-tu faire là, Frantz?*
– *Rien... Je dois voir Légype.*
– *Frantz! La classe va commencer.*
– *Je sais.*
– *On rentre...*
– *Ecoute, si j'arrive à l'heure, le frère directeur va croire que je suis capable d'arriver à l'heure, donc je fais exprès d'être en retard.*

Lecture de vacances, lecture à partager.

De Dany Laferrière on pourrait aussi lire: Pays sans chapeau.

Choses (Les)

Une histoire des années soixante

Récit de Georges Perec (1936 à Paris – 1982 à Paris), publié à Paris chez Julliard en 1965, *Pocket.*

Jérôme, vingt-quatre ans, et Sylvie, vingt-deux ans, sont psychosociologues, c'est-à-dire qu'ils interviewent des gens sur des sujets variés (Comment vous rasez-vous? Cirez-vous vos chaussures? Aimeriez-vous, Madame, donner en location votre chambre à un Noir?). C'est ainsi qu'ils occupent leurs journées. Pour le reste, ils aspirent à posséder le monde des «choses» et se mettent à courir les antiquaires, les puces et les magasins *second hand*, afin d'y acquérir les objets (meubles ou vêtements) conformes à l'image que la publicité ou la presse leur inculque. Ils veulent jouir de la vie, mais la jouissance qu'ils imaginent se confond avec la propriété et leur reste inaccessible. Et pourtant, ils vivent dans le provisoire, refusant de s'attacher à un engagement fixe, refusant de prendre des responsabilités. Leurs amis se sont établis, eux résistent encore et fuient passer une année en Tunisie.

Bien que ce récit sur la possibilité d'être heureux dans notre société de consommation date d'une quarantaine d'années, il n'a rien perdu de son actualité.

Extrait: *Les gens qui choisissent de gagner d'abord de l'argent, ceux qui réservent pour plus tard, pour quand ils seront riches, leurs* vrais *projets, n'ont pas forcément tort. Ceux qui ne veulent que vivre, et qui appellent vie la liberté la plus grande, la seule poursuite du bonheur, l'exclusif assouvissement de leurs désirs ou de leurs instincts, l'usage immédiat des richesses illimitées du monde – Jérôme et Sylvie avaient fait leur ce vaste programme –, ceux-là seront toujours malheureux. Il est vrai, reconnaissaient-ils, qu'il existe des individus pour lesquels ce genre de dilemme ne se pose pas, ou se pose à peine, qu'ils soient trop pauvres et n'aient pas encore d'autres exigences que celles de manger un peu mieux, d'être un peu mieux logés, de travailler un peu moins, ou qu'ils soient trop riches, au départ, pour comprendre la portée, ou même la signification d'une telle distinction.*

Lecture pour soi.

Traduction: Perec, Georges (2001): Die Dinge, München (dtv).

De Georges Perec on pourrait aussi lire: Un cabinet d'amateur, Un homme qui dort, W ou le souvenir d'enfance, La vie mode d'emploi.

Cinq photos de ma femme

Roman d'Agnès Desarthe (née en 1966 à Paris), publié aux éditions de l'Olivier en 1998, *Points.*

En arrivant en France, en 1933, il s'appelait Mathusalem. Aujourd'hui il a 80 ans et s'appelle Max. Sa fille est mariée au Japon, son fils vit en Bolivie et Max, trop solitaire, décide de faire revivre Telma, sa femme décédée, à travers une peinture. Il choisit cinq photos de Telma qu'il soumet à quelques peintres choisis au hasard dans l'annuaire. Peu habitué aux milieux artistiques, Max est un peu décontenancé par la rencontre d'Angus O'Donnel dont la femme Diane est défigurée, de Virginia qui vit dans un désordre indescriptible avec ses deux enfants, de Frédéric et Marion, désinvoltes étudiants en Beaux-Arts et de Nina Brodsky, une vieille connaissance mais tellement envahissante. Ce sera pourtant pour Max l'occasion de s'oublier un peu lui-même, de replonger dans son passé et de voir défiler sa vie de modeste mécanicien juif dans l'après-guerre et son mariage avec la belle et complexe Telma, devenue *comme une montre qui ne fait plus tic-tac.*

Encombré de ces portraits qui le déçoivent, car ils sont bien incapables de rendre la vie, il les range au fond d'une armoire, vide son compte en banque et prend un billet d'avion pour aller rejoindre ses enfants en Bolivie et au Japon.

Il est dérisoire de ne vivre que de souvenirs, a compris Max, et il lui reste du temps à vivre, mais il doit se dépêcher s'il veut en profiter.

Extrait: *Il étala les trois portraits devant lui pour en étudier la composition chimique. Celui d'Angus avait le mérite d'être dessiné sur papier, on pouvait facilement le déchirer. Pour le collage de Marion, il y avait toujours le dissolvant, ou l'alcool à brûler, ça valait le coup d'essayer. Quant au chef-d'œuvre de Virginie, il paraissait indestructible, si épais. Un bidon de térébenthine n'en viendrait pas à bout. Max tressaillit, il se sentait lui-même infiniment plus vulnérable. Il lui suffisait de passer par-dessus la balustrade et c'en était fini. On ne peut rien contre l'inanimé, se dit-il.*

Lecture de vacances, lecture à partager.

Traduction: Desarthe, Agnès (1999): Fünf Bilder meiner Frau, Berlin (Alexander Fest).

D'Agnès Desarthe on pourrait aussi lire: Les bonnes intentions.

Cirque passe (Un)

Roman de Patrick Modiano (né en 1945 à Paris), publié à Paris chez Gallimard en 1992, *Folio.*

Paris dans les années soixante. Jean, le narrateur, n'a pas dix-huit ans, Gisèle en a un peu plus. Ils se rencontrent en sortant du poste de police. Tous deux, sans soutien ni argent et désemparés, errent dans leur vie désordonnée. Jean recueille Gisèle et sa lourde valise – on ne saura jamais ce qu'elle contient – dans l'appartement qu'il partage avec Grabley, personnage énigmatique et ami du père de Jean. L'appartement lui-même est peu avenant, grand et libéré depuis peu de la plupart de ses meubles et bibelots, laissant des traces pâles sur les parois. Il est cependant le seul refuge des deux jeunes gens.

Jean reconstitue l'identité éparse de Gisèle à travers les affaires qu'elle récupère ici et là, deux valises, un manteau de fourrure, un chien ou d'autres bribes de sa vie. Gisèle rencontre des hommes élégants et (trop) aimables, apparemment fortunés qui entraînent les deux jeunes gens dans des aventures singulières.

Tout le roman baigne dans une atmosphère inquiétante où se mêlent l'angoisse, la gêne et le malaise dont le mystère ne sera jamais élucidé. On n'apprendra pas non plus dans quelles circonstances le narrateur, trente ans plus tard, reviendra sur cet épisode de sa vie.

Extrait: *Il prenait l'une des photos sur la table basse et nous la montrait de loin. Le visage d'un homme brun, d'une quarantaine d'années. Gisèle n'avait pas l'air étonnée par cette proposition mais Ansart s'était sûrement rendu compte de ma méfiance. Il s'est penché vers moi:*

– Rassurez-vous. Il n'y a rien de plus banal... Cet homme est une de mes relations d'affaires... Quand il se sera installé à une table, l'un de vous deux se présentera à lui et dira simplement ceci: «Monsieur Pierre Ansart vous attend dans la voiture au coin de la rue...».

De nouveau il souriait, d'un grand sourire enfantin. Décidément, son visage respirait la franchise.

Lecture de vacances, lecture à partager, lecture pour soi.

De Patrick Modiano on pourrait aussi lire: *Une jeunesse, *Des Inconnues, La place de l'étoile, La ronde de nuit, Dimanches d'août, Rue des boutiques obscures, Dora Bruder, La petite Bijou.

Civilisation, ma mère!... (La)

Roman de Driss Chraïbi (né en 1926 au Maroc), publié à Paris chez Denoël en 1972, *Folio.*

Le roman commence dans une famille marocaine aisée peu avant la deuxième guerre mondiale. Le livre comporte deux parties, *Etre* et *Avoir* dont les deux fils, à tour de rôle, sont les narrateurs.

Leur mère a été mariée à 13 ans à un riche bourgeois. Depuis lors, elle vit en recluse dans sa maison et son patio où, du matin au soir, elle vaque à son ménage doté d'ustensiles quasi moyenâgeux.

Or, peu à peu, la maison se transforme. Le père et les deux fils introduisent les éléments de la civilisation européenne, tout d'abord l'électricité, puis la radio et enfin le téléphone. La mère vit chaque nouvelle acquisition comme une attrayante mais inquiétante merveille! Au fil des jours, elle les apprivoise et les intègre à son univers habituel. Elle dialogue avec le «magicien» de la radio grâce à qui elle découvre que le monde extérieur existe et qu'elle peut y prendre part. Puis elle se met à sortir avec la complicité de ses fils, elle prend plaisir au cinéma, suit des cours, acquiert même des diplômes. Et bientôt elle aspire à quitter le Maroc pour la France et à voler de ses propres ailes.

Avec beaucoup de tendresse, les deux fils la guident et s'amusent avec elle, tandis que le mari, une fois sa profonde consternation passée, la soutient aussi. Mais le récit témoigne surtout d'une formidable foi en la libération des femmes.

Extrait: *C'est ainsi que le «magicien» s'installa dans la maison et l'anima du matin au soir. Déclamant, chantant, criant, riant. Ma mère était persuadée qu'il s'agissait d'un être vivant, en chair et en os, une sorte d'érudit doublé d'un devin qui avait beaucoup voyagé, beaucoup appris et, tel Diogène, se cachait dans une caisse à l'abri des horreurs de ce monde. Afin de nous départager, elle l'appela Monsieur Kteu. D'ailleurs, elle n'eût pas su prononcer d'un jet son nom en entier: Monsieur Blo Punn Kteu – encore moins Bla Upunn Kteu.*

Lecture à partager, lecture pour soi.

Traduction: Chraïbi, Driss (1994): Die Zivilisaton, Mutter, Zürich (Unionsverlag).

De Driss Chraïbi on pourrait aussi lire: Succession ouverte, Les boucs, Une enquête au pays, Le passé simple.

Commedia des ratés (La)

Roman policier de Tonino Benacquista (né en 1961 à Paris), publié à Paris chez Gallimard en 1991, *Folio.*

Antonio Polsinelli s'efforce de couper les ponts avec ses origines italiennes et pourtant, lorsque son copain Dario lui lègue une petite vigne dans le sud de l'Italie, il s'y rend pour comprendre de quoi il s'agit. Car ce cadeau comporte un mystère: comment se fait-il que Dario, plutôt paresseux et magouilleur, ait acquis dans l'intention de la cultiver cette vigne qui entoure une chapelle et la statue de Sant'Angelo et qui ne produit qu'un vin médiocre?

Le mystère s'épaissit le jour où la chapelle est en flammes, mais la statue de Sant'Angelo reste indemne et sue le vin, tandis que Marcello, l'aveugle, s'affale en hurlant qu'il a recouvré la vue. Antonio est alors assailli de demandes d'achat de la part de l'œnologue Attilio Porteglia, de représentants de l'église (limousine blanche) ou de la mafia (limousine noire).

Dans *La commedia des ratés,* on trouve plusieurs romans: tout d'abord un roman policier avec l'énigme du meurtre de Dario, puis un roman d'aventures avec les péripéties d'Antonio en Italie, un roman de formation avec la prise de conscience d'Antonio, un roman historique avec le récit du père d'Antonio concernant la deuxième guerre mondiale en Albanie, un roman comique avec quelques grands éclats de rire, un livre de cuisine spécialisé dans la confection des pâtes, un roman social et, évidemment, un roman d'amour.

Extrait: *Ma décision est prise depuis longtemps, déjà. Il faut que je sache ce qu'il a vu dans ce lopin de terre. C'est sans doute le tribut à payer si je veux me sentir libre un jour. Si je veux comprendre ce que mon père cachera toujours. C'est mon compte à régler avec la terre natale. Mes maquettes peuvent attendre encore un mois. On m'a déjà obligé à fuir Paris. Demain je fuirai la France.*

Mais je saurai.

Lecture à partager, lecture pour soi.

Traduction: Benacquista, Tonino (1995): Itakerblues, Berlin (Rotbuch Krimi).

De Tonino Benacquista on pourrait aussi lire: *La Machine à broyer les petites filles (nouvelles), La Maldonne des sleepings, Quelqu'un d'autre.

Cri de la mouette (Le)

Récit d'Emmanuelle Laborit (née en 1972 à Paris), publié à Paris chez Laffont en 1993, *Pocket jeunes adultes.*

Emmanuelle Laborit est née sourde profonde. Jusqu'à l'âge de sept ans, elle reste très isolée, car elle n'a aucun moyen pour communiquer avec les autres, ce qui la fâche et lui fait pousser des cris semblables à ceux de la mouette, d'où son surnom.

En découvrant la langue des signes, la vie d'Emmanuelle change. Elle peut alors s'entretenir librement avec ses parents et sa petite sœur qui, tous, apprennent à *signer*.

Mais dans son entourage bien peu de gens savent signer et l'école pour enfants sourds qu'Emmanuelle fréquente interdit la langue des signes au profit de l'oralité. Les enfants doivent apprendre à lire sur les lèvres, ce qui retarde leur scolarité, car les enfants ne comprennent évidemment qu'une partie du discours des enseignants.

Pour aider tous les enfants sourds à sortir de leur isolement et faire reconnaître la langue des signes, Emmanuelle et ses parents s'investissent avec courage et énergie. Et ce n'est en effet qu'à partir de l'année 1991 qu'en France, les parents d'enfants sourds peuvent choisir entre une éducation bilingue (langue des signes et français écrit oral) et une éducation orale.

Le témoignage d'Emmanuelle permet de découvrir avec émotion l'isolement dans lequel on a longtemps confiné les enfants sourds.

Extrait: *Un soir, à Washington, j'entre en coup de vent dans la chambre de mes parents, très excitée, une vraie boule de nerfs. Comme je signe trop vite, ils ne comprennent pas; je recommence, plus calmement. «Je suis sourde!».*

Je suis sourde ne veut pas dire: «Je n'entends pas.» Cela veut dire: «J'ai compris que je suis sourde.»

C'est une phrase positive et déterminante. J'admets dans ma tête le fait d'être sourde, je le comprends, je l'analyse parce que l'on m'a donné une langue qui me permet de le faire. Je comprends que mes parents ont leur langue, leur moyen de communiquer, et que j'ai le mien.

Lecture de vacances, lecture à partager.

Traduction: Laborit, Emmanuelle (1995): Der Schrei der Möwe, Bergisch Gladbach (Bastei Lübbe).

De l'autre côté du regard

Roman de Ken Bugul (née en 1948 au Sénégal), publié à Paris au Serpent à Plumes en 2003.

Le roman se passe au Sénégal. Marie, la narratrice, reçoit une lettre de son frère Bacar Ndaw qui lui apprend la mort de sa nièce Samanar, la fille de sa sœur Assy. Marie a toujours haï Samanar, car, enfant, sa mère l'avait abandonnée pour aller, dans une autre ville, s'occuper de Samanar. La douleur de Marie, seule sur le quai de la gare de Hodar lors du départ de sa mère, revient comme un refrain dans le livre. La gare devient le symbole d'un lieu de malheur, les sœurs de Marie y tombent enceintes et le jeune Maguèye y meurt.

La mort de Samanar est l'occasion de retracer l'histoire de la famille, les amours, les haines, les jalousies ou les douleurs enfouies.

On découvre les ramifications compliquées, mais aussi les coutumes du pays. Il y a, par exemple, ce couple aisé en proie à toute une parenté sans complexe qui s'installe chez lui pour se faire nourrir et entretenir sans lever le petit doigt. Le ménage bientôt ne peut plus nouer les deux bouts et ne sait comment dignement se débarrasser de ses hôtes importuns.

Et toujours en refrain, la douleur de la narratrice mal aimée.

Le style, simple en apparence, se dévoile d'une grande subtilité. Une seule phrase par ligne. Parfois courte, elle se déploie et se développe pour se répéter et prendre de l'ampleur telle une phrase musicale. L'écriture de Ken Bugul, manifestement, s'inspire du rythme et des règles de l'oralité.

Ken Bugul est le pseudonyme de Mariétou Mbaye et signifie *personne n'en veut*. Le thème de l'enfant mal aimé par sa mère est un thème récurrent de ses livres, notamment dans *Le Baobab fou,* son premier roman.

Extrait: *Quand le train partait, tout le monde levait la main.*
Moi je n'aimais pas aller à la gare.
Une fois j'étais allée mettre des cailloux sur les rails.
C'était quelque temps après le départ de ma mère.
Quand un train de marchandises passa dessus cela fit un bruit terrible!
J'avais peur qu'on découvrît que c'était moi.
Je voulais faire tomber le train qui avait emporté ma mère.
Ma mère, qu'un train avait emportée un jour!
En me laissant toute seule sur le quai d'une gare.

Lecture pour soi.

De Ken Bugul on pourrait aussi lire: Le baobab fou.

Demeurées (Les)

Roman de Jeanne Benameur (née en 1952 en Algérie d'un père arabe et d'une mère italienne, vit en France), publié à Paris chez Denoël en 2000, *Folio.*

Au village, on l'appelle La Varienne, elle est balourde et sauvage, de surcroît elle ne parle pas. Elle est demeurée, dit-on. Elle vit avec sa fille Luce dans une petite maison à l'écart du village. Parfois, La Varienne rapporte de chez Madame, où elle fait le ménage, des objets insolites qu'elle range dans l'armoire où ils s'amassent. Luce les sort et les contemple.

Or, le jour arrive où Luce doit se rendre à l'école, séparation douloureuse entre la mère et la fille. L'équilibre ténu entre La Varienne et Luce menace de s'écrouler avec l'irruption de ce monde extérieur et de sa conformité rébarbative. Avec persévérance, la maîtresse, mademoiselle Solange, s'efforce d'enseigner à Luce les mots à lire et les mots à écrire. Mais l'enfant semble imperméable, tombe malade et ne retourne plus à l'école. Et pourtant, l'apprentissage auquel mademoiselle Solange a tenté de l'initier n'a pas été tout à fait vain, car Luce trouve inconsciemment un subterfuge pour lier l'univers de sa mère à celui de l'institutrice.

Le rapport entre la mère et la fille se tisse au détriment et en deçà de la société, en dehors des normes que l'école inculque. Luce, à sa manière, a appris à utiliser les mots et à communiquer par leur intermédiaire.

Extrait: *A la grande maison, Madame a remarqué le talent de la petite fille. Elle s'est étonnée des broderies qui décoraient le tablier de La Varienne.*
La Varienne a baissé la tête.
C'est la petite?
Elle a gardé la tête baissée.
Madame a décidé de lui confier ses propres serviettes à broder.
Luce regarde le motif que Madame a dessiné elle-même sur un papier.
Ce sont des signes, comme chez Mademoiselle Solange.
Ils sont seuls, grands et beaux.
Elle aime reproduire les boucles et les traits. Les initiales de la grande maison.

Lecture de vacances.

Demi-sang suisse

Roman de Jacques–Etienne Bovard (né en 1961 à Morges), publié à Yvonand chez Bernard Campiche en 1994, *CamPoche.*

Le *Centre équestre des Esserts*, au-dessus de Lausanne. C'est là que les notables de la région se retrouvent pour faire de l'équitation, bavarder et boire un verre.

Récemment, Julien Chapart, avocat, est mort à la suite d'un accident de cheval. Mais est-ce bien un accident? Le commissaire Jean-Claude Abt – compromis depuis l'affaire des fiches et mal vu de ses collègues – est chargé de l'affaire. Pour s'immiscer dans ce milieu, il prend des leçons d'équitation avec Bocion, découvre le monde passionné des cavaliers, devient un passionné lui-même et s'achète un cheval, Atlas, celui précisément qui appartenait au cavalier accidenté. Il rencontre les habitués du centre, Lachat, homme d'affaires fréquentant les milieux nazis, sa femme Fabienne, hautaine et distante ou Quinche, journaliste de gauche. Il faudra du temps à Abt pour démêler les fils de l'intrigue, mais le suspense est grand et captivera particulièrement les amateurs d'équitation et du monde du cheval.

Extrait: – *Depuis ce que vous savez, je retourne des tas de choses dans ma tête, à propos de mes clients... Des drôles d'idées... Vous avez vu ce soir? Tout à coup plus d'amis, plus de sympathie, plus de mesure, plus d'équitation, quoi... Plus rien que soi-même, à vif, la rage au ventre... Est-ce que vous vous rendez compte qu'on a espéré que vous vous casseriez la figure, ce soir, et bien comme il faut?... Alors, quand j'imagine d'autres raisons...*

La braise orange le fixe immobile dans le silence.

– C'est le cheval qui veut ça. On fera tout le dressage qu'on voudra, la sauvagerie ne sera jamais loin. Pas dans le cheval, le comble: dans le cavalier.

Lecture à partager, lecture pour soi.

Traduction: Bovard, Jacques-Etienne (2002): Der Nebelreiter, Zürich (Limmat).

De Jacques–Etienne Bovard on pourrait aussi lire: La Griffe, Une leçon de flûte avant de mourir, Nains de jardin (nouvelles).

Dentellière (La)

Roman de Pascal Lainé (né en 1942), publié à Paris chez Gallimard en 1974, *Folio.*

C'est l'histoire d'une fille toute simple qui se donne corps et âme à un homme d'une tout autre condition sociale. Et lui, assez rapidement, ne sait que faire de cet amour total, car il a d'autres projets dans la vie.

Pomme, discrète, sans ambition, fait des shampoings dans un salon de coiffure à Paris. Lorsqu'en vacances à Cabourg avec son amie Marylène, en mangeant une glace au chocolat à la terrasse d'une confiserie, elle rencontre Aimery de Béligné, étudiant à l'école des Chartes, sa vie bascule. Aimery, descendant d'une famille noble, mais appauvrie, est un grand jeune homme timide un peu timoré, heureux de rencontrer cette fille qui le séduit aussitôt, sans qu'il sache bien pourquoi. Ils s'installent ensemble à Paris dans le petit appartement d'Aimery. Pomme continue à faire des shampoings et Aimery à faire l'étudiant. Le soir, Pomme s'occupe du ménage, Aimery parle philosophie et politique avec ses amis étudiants.

Pomme est un être délicat, fragile que l'auteur compare au tableau de Vermeer «La Dentellière» où une jeune femme se penche avec grande attention *comme si elle y déposait son âme* sur son travail de dentelles.

La Dentellière est une histoire d'amour entre deux êtres par trop différents et bâtie sur un malentendu fondamental.

Extrait: *Pomme se levait la première, le matin. Il la regardait se laver: elle avait deux fossettes à la naissance des fesses, et les épaules toutes rondes. Elle s'habillait très vite et sans faire de bruit. Elle venait l'embrasser dans le cou. Il faisait semblant de s'éveiller alors, mi-souriant mi-grognon. Il se levait quand elle était partie. Il descendait prendre son café au Jean-Bart. Avec deux croissants. Il méditait une demi-heure sur son avenir. Il pensait à Pomme, par intermittence.*

Lecture à partager, lecture pour soi.

Traduction: Lainé, Pascal (1978): Die Spitzenklöpplerin, Berlin (Rowohlt).

Film: La Dentellière de Claude Goretta, 1977.

De Pascal Lainé on pourrait aussi lire: Tendres cousines, Les petites égarées, La légende vraie d'Evita, Fleur de pavé, Elena.

Dernier vol de Lancaster (Le)

Roman de Sylvain Estibal (né en 1967 à Paris), publié à Arles chez Actes Sud en 2003, *Babel*.

Au printemps 1933, le pilote Bill Lancaster s'envole de Lympne, en Angleterre, en direction du Cap, en Afrique du Sud, dans le but de battre le record de Mme Mollison. Cependant, son avion s'écrase dans le Tanezrouft au sud de l'Algérie, région désertique d'un accès difficile.

Chubbie Miller, une jeune Australienne intrépide, amie de Lancaster, n'a de cesse qu'elle n'ait trouvé un avion pour voler à son secours. En Angleterre, les parents de Lancaster s'inquiètent et sa femme, qu'il a abandonnée, se désespère.

Le récit se construit autour du journal (authentique) de Lancaster, d'extraits de journaux de l'époque, de dépêches et de télégrammes, du journal de Chubbie, de lettres du méhariste René Chauvet à son épouse en France et de proverbes touaregs.

Lancaster est un aventurier invétéré, à qui certains contestent ses qualités d'aviateur. Il a aussi été accusé de meurtre à Miami. C'est un homme complexe dont le portrait peu à peu prend des contours nuancés, inattendus. Ce sera au lecteur de trancher.

Le roman se passe en Angleterre, dans le Tanezrouft et à Reggane en Algérie. Il se termine par une chute inattendue.

Grâce à la composition subtile du roman et bien que l'on connaisse l'issue malheureuse de l'expédition du pilote, l'auteur réussit à tenir ses lecteurs en haleine.

Le livre est agrémenté de croquis du journal de Lancaster et de photos de l'avion du pilote.

Extrait: *L'Australienne continue ses recherches avec obstination. Elle a redécollé ce matin, peu après le lever du soleil. Elle nous impressionne par son courage et sa volonté. Elle semble cependant de plus en plus fatiguée. Ses joues se sont creusées, sa peau est brûlée par le soleil. Elle souffre aussi beaucoup de la chaleur. Nous ne savons pas trop quoi faire pour la dissuader de poursuivre ses recherches. Nous ne nous sentons pas le droit de lui dire d'arrêter. Tout ce qu'elle va obtenir, à force de prendre de tels risques, c'est un destin semblable à celui de son fiancé.*

Lecture à partager, lecture pour soi.

Traduction: en cours chez Piper, sortie prévue pour 06.

Écume des jours (L')

Roman de Boris Vian (1920 à Paris – 1959 à Paris), publié à Paris chez Gallimard en 1947, *Le livre de poche.*

Au début tout va bien. Colin est jeune, riche, heureux. Il rencontre Chloé, l'aime, l'épouse et c'est une fête merveilleuse avec ses amis Chick, Nicolas, Alise et bien d'autres encore. Mais Chloé commence à tousser, tombe malade en voyage de noces et le professeur Mangemanche diagnostique un nénuphar dans son poumon droit. Puis le deuxième poumon est atteint. Le professeur Mangemanche recommande à Chloé de s'entourer de fleurs pour combattre l'influence néfaste du nénuphar. En dépit de cela tout va de mal en pis, Colin dépense sa fortune entière pour soigner Chloé et doit trouver un emploi: il fait pousser des canons de fusils en leur transmettant son énergie. L'atmosphère est de plus en plus sombre, l'appartement rétrécit à vue d'œil, Nicolas, le cuisinier de Colin, vieillit chaque jour d'une année et Chloé meurt.

Par ailleurs, Chick soutenu financièrement par Colin pour acquérir les manuscrits du philosophe Jean-Sol Partre dont il est un fervent partisan, s'endette et délaisse son amie Alise.

Le roman est riche en créations langagières, inventions d'objets (comme le pianocktail) ou en situations surprenantes. Il illustre la condition de l'homme aliéné dans la société du vingtième siècle.

Extrait: – *Prends-tu un apéritif? demanda Colin. Mon pianocktail est achevé, tu pourrais l'essayer.*
– Il marche? demanda Chick
– Parfaitement. J'ai eu du mal, mais le résultat dépasse mes espérances. J'ai obtenu à partir de la Black and the Fantasy, *un mélange vraiment ahurissant.*
– Quel est ton principe? demanda Chick.

A chaque note, dit Colin, je fais correspondre un alcool, une liqueur ou un aromate. La pédale forte correspond à l'œuf battu et la pédale faible à la glace. Pour l'eau de Seltz, il faut un trille dans le registre aigu. Les quantités sont en raison directe de la durée: à la quadruple croche équivaut le seizième d'unité, à la noire l'unité, à la ronde la quadruple unité.

Lecture à partager, lecture pour soi.

Traduction: Vian, Boris (1994): Der Schaum der Tage, Berlin (Wagenbach).

De Boris Vian on pourrait aussi lire: L'automne à Pékin, J'irai cracher sur vos tombes.

Éducation européenne

Roman de Romain Gary (1914 à Vilnius – 1980 à Paris), publié à Paris chez Gallimard en 1956, *Folio.*

La Pologne entre 1941 et 1943, dans la forêt autour de Wilno.

Pour protéger son fils de la guerre, le docteur Twardowski le cache dans un abri construit à son intention dans la forêt. Lorsque son père ne vient plus le ravitailler Janek comprend qu'il lui est arrivé quelque chose et qu'il doit rejoindre les partisans dans la forêt. Avec le groupe du lieutenant Jablonski, avec le poète Adam Dobranski et avec Zosia grandie trop vite dans le malheur, Janek fait son apprentissage de la vie. Il porte des messages, recueille des renseignements, participe aux attaques. Il apprend la haine, la mort, la faim, mais aussi la débrouillardise et découvre l'amour. Les temps sont de plus en plus durs et tous les groupes de partisans attendent impatiemment la venue du Partisan Nadedja, chef mystérieux qui leur insuffle courage et dont on entend de si merveilleuses prouesses. Ce n'est qu'à la fin du roman qu'on apprendra sa véritable identité.

Roman de formation, mais aussi description émouvante de la vie des résistants, de leur courage et de leur solidarité.

Extrait: – *Il y a toujours quelqu'un pour les déclencher, dit Janek avec colère. Tadek Chmura avait raison. En Europe on a les plus vieilles cathédrales, les plus grandes librairies et c'est là qu'on reçoit la meilleure éducation – de tous les coins du monde, il paraît, on vient en Europe pour s'instruire. Mais à la fin, tout ce que cette fameuse éducation européenne vous apprend, c'est comment trouver le courage et de bonnes raisons, bien valables, bien propres, pour tuer un homme qui ne vous a rien fait, et qui est assis là, sur la glace, avec ses patins, en baissant la tête, et en attendant que ça vienne.*
– *Tu as beaucoup appris, dit Dobranski, tristement.*

Lecture à partager, lecture pour soi.

De Romain Gary on pourrait aussi lire: *La vie devant soi, Les racines du ciel, Lady L., Chien Blanc, Clair de femme, Les Cerfs-volants, Gros-Câlin.

Comme le dira beaucoup plus tard mon maître Tierno Bokar: «L'écriture est une chose et le savoir en est une autre. L'écriture est la photographie du savoir, mais elle n'est pas le savoir lui-même...»
Amadou Hampâtté Bâ, Amkullel, l'enfant peul

Effroyables jardins

Roman de Michel Quint (né en 1949 en France), publié à Paris chez Joëlle Losfeld en 2000, *Pocket jeunesse, Folio.*

Intitulé roman, on penserait plutôt à une longue nouvelle. Enfant, le narrateur est assailli de honte dès que son père, par ailleurs un instituteur sérieux et respecté, sort son attirail de clown, fixe son affreux nez rouge et se produit en public.

Or, un dimanche après-midi, après avoir vu *Le Pont,* un film de l'Allemand Bernd Wicki, l'oncle Gaston entraîne le garçon au bar du cinéma où il va lui révéler d'où vient cette habitude à son père.

C'était en 1942 pendant la guerre. Gaston et André, le père du narrateur, actifs dans la Résistance, ont dynamité le transformateur de la gare de Douai, puis ont été arrêtés comme otages sans que les Allemands sachent qu'ils étaient réellement les auteurs de l'attentat. En attendant que les responsables se dénoncent, on les a jetés dans un trou d'argile profond en compagnie de deux autres otages. Au bord du trou se tient, pour les surveiller, Bernd, un soldat allemand qui se révèle être clown de son métier. Il les distrait, les nourrit et jongle avec les pommes de terre en s'efforçant de les faire rire.

On a compris que les jeunes résistants ne seront pas exécutés, mais il faudra plusieurs retournements de situation pour arriver au fin mot de l'histoire.

Beau texte sur le rire et les larmes, l'amitié et la solidarité.

Extrait: *On n'a même pas rien dit pour remercier quand il est parti une petite bouffée, et puis qu'il est revenu nous faire descendre des patates cuites à la cendre! Cadeau béni! Evidemment, avant la distribution de patates, il a pas pu s'empêcher de jongler avec. Incorrigible. Ce Bernd, il passait son temps à faire l'âne! On a ri mais on n'a rien dit.*

Lecture à partager, lecture pour soi.

Traduction: Quint, Michel (2002): Die schrecklichen Gärten, München (Goldmann).

Film: Effroyables jardins de Louis Becker, 2003.

De Michel Quint on pourrait aussi lire la suite d'Effroyables jardins: Aimer à peine.

Elise ou la vraie vie

Roman de Claire Etcherelli (née en 1934 à Bordeaux), publié à Paris chez Denoël en 1967, *Folio.*

Elise et Lucien ont grandi à Bordeaux chez leur grand-mère. Mais la vie y est morne et Lucien ne tient plus dans l'appartement exigu entre la grand-mère, sa sœur aînée, Marie-Louise, sa terne épouse, et leur bébé. Il part pour Paris avec la mystérieuse Anna pour vivre enfin *la vraie vie.*

On est à la fin des années cinquante, la guerre d'Algérie bat son plein, les arrestations et disparitions d'Algériens sont fréquentes, chaque bouche de métro est entravée par des policiers français la mitraillette au poing. Lucien travaille chez Renault. Il demande à Elise de venir le rejoindre et l'entraîne dans la découverte du travail à la chaîne, du racisme ambiant, du militantisme avec ses interminables débats, ses tracts et ses manifs. Bref, la vraie vie.

En contrôlant les voitures à la chaîne, Elise fait la connaissance d'Arezki. Il est Algérien, discret et attentif, mais leur histoire d'amour est douloureuse, car il leur est difficile de se rencontrer seuls. Lorsqu'ils marchent dans les rues, Elise se fait houspiller par les Français. Au café arabe, elle sent les regards désapprobateurs. Arezki n'a pas de lieu où la recevoir.

La vie en usine est dure, le travail militant harassant et pourtant la vie à Paris est tellement plus passionnante que la vie engourdie de province.

Il s'agit d'un roman d'amour déchirant, dénonçant le travail à la chaîne, le racisme et la guerre d'Algérie en France.

Extrait: *Ces pensées, le froid, les mèches qui volent dans mon cou, la dérobade d'Arezki, le sang du Magyar et l'odeur de l'usine, les quatre heures de chaîne qui m'attendent, la lettre de la grand-mère que je n'ai pas encore lue, c'est tout cet amalgame, la vie. Comme elle était douce, celle d'avant, la vie un peu floue, loin de la vérité sordide. Elle était simple, animale, riche en imagination. Je disais «un jour...» et cela me suffisait.*

Je vis ce jour, je vis la vraie vie, mêlée aux autres humains et je souffre. «Tu n'es pas combative», dirait Lucien.

Lecture à partager, lecture pour soi.

Traduction: Etcherelli, Claire (1974): Elise oder das wahre Leben, Berlin (Volk und Welt).

Film: Elise ou la vraie vie de Michel Drach, 1970.

Empreinte de l'ange (L')

Roman de Nancy Huston (née en 1953 à Calgary au Canada, vit à Paris), publié à Arles chez Actes Sud en 1998, *Babel, J'ai lu.*

Paris, 1957. Saffie, une jeune Allemande, est engagée par Raphaël Lepage, musicien de profession, pour entretenir son appartement. L'air distant et impassible de Saffie séduit Raphaël qui tombe amoureux et épouse aussitôt Saffie. Malgré la naissance d'Emile, Saffie reste lointaine et inabordable. Raphaël en souffre, tout en poursuivant ses tournées de concerts. En réalité, l'impassibilité de Saffie cache de profondes blessures, dues aux années de guerre et d'après-guerre à Berlin.

Lorsque Saffie fait la connaissance d'András, un luthier juif qui a fui la Hongrie lors de l'invasion des tanks soviétiques en 1956, leur entente et leur amour est immédiat. András, comme elle, connaît les atrocités de la guerre et elle peut lui confier les drames qui ont marqué son enfance et son adolescence. Saffie et Emile passent leurs après-midi en compagnie d'András, puis rentrent auprès de Raphaël qui ignore tout. Mais on ne peut indéfiniment mener une double vie. Et, pourtant, celle de Saffie va durer pendant plus de cinq ans.

C'est alors l'époque de la guerre d'Algérie. András, blessé dans son âme par la violence vécue, se sent concerné par les arrestations, les meurtres, la torture, alors que Saffie, murée dans son passé, ne s'y intéresse aucunement.

Le roman parle des blessures de la guerre, profondes, indélébiles et de leurs conséquences dans la vie des êtres blessés.

Extrait: *Dès ce premier instant, c'est l'indifférence de Saffie qui fascine Raphaël, le captive, l'envoûte. Dès ce premier instant, avant même de connaître son nom, Raphaël comprend que ça lui est égal, à cette jeune femme, de décrocher ou de ne pas décrocher un emploi. De vivre ou de ne pas vivre. Elle est livrée, abandonnée au monde, sans passion et sans peur. Elle n'a ni la pudeur hypocrite et calculée des filles comme il faut, ni l'impudence tout aussi calculée des putes. Elle est là. Il n'a jamais vu cela.*

Lecture à partager, lecture pour soi

Traduction: Huston, Nancy (2000): Das Engelsmal, Berlin (Luchterhand).

De Nancy Huston on pourrait aussi lire: *Cantique des plaines, Les variations Goldberg, Trois fois septembre.

En attendant Godot

Pièce de théâtre de Samuel Beckett (1906 en Irlande – 1989 à Paris), publiée aux éditions de Minuit en 1952.

Premier acte. Estragon et Vladimir se retrouvent sur une route de campagne, près d'un arbre, et attendent. Ils attendent Godot. Mais ils ne sont pas sûrs s'il viendra aujourd'hui, s'ils l'ont déjà attendu hier, s'il viendra un jour. Ils ne savent pas non plus qui il est. Ils échangent quelques souvenirs, se disputent un peu, parlent de leurs maux, leurs pieds douloureux. Arrive alors Pozzo avec un fouet, précédé de Lucky au bout d'une corde, portant une lourde valise, un pliant, un manteau. Pozzo se comporte en maître cruel, Lucky obtempère, danse ou pense sur commande. Puis un jeune garçon annonce à Vladimir et Estragon que Godot ne viendra pas ce soir, demain peut-être.

Deuxième acte. Le lendemain, le même lieu, le même arbre. Suite du dialogue à bâtons rompus. Vladimir ne se souvient de rien, sur leur passé commun ils ne sont pas d'accord. Estragon retrouve ses chaussures laissées là la veille. Puis ils font différents exercices pour faire passer le temps. L'essentiel est de faire passer le temps.

Pièce sur le thème de l'attente, de toute attente, elle a donné lieu à de nombreuses interprétations. Toutes sont possibles, l'attente, ici, reste ouverte.

Extrait: *Estragon: – Il devrait être là.*
Vladimir: – Il n'a pas dit ferme qu'il viendrait.
Estragon: – Et s'il ne vient pas?
Vladimir: – Nous reviendrons demain.
Estragon: – Et puis après-demain?
Vladimir: – Peut-être.
Estragon: – Et ainsi de suite.
Vladimir: – C'est-à-dire...
Estragon: – Jusqu'à ce qu'il vienne.

Lecture à partager, lecture pour soi.

Traduction: Beckett, Samuel (2003): Warten auf Godot, Frankfurt (Suhrkamp).

De Samuel Beckett on pourrait aussi lire: Oh les beaux jours, Fin de partie.

Enfance

Récit de Nathalie Sarraute (1900 en Russie – 1999 à Paris), publié à Paris chez Gallimard en 1983, *Folio, Folio plus classiques.*

Nathalie Sarraute dialogue avec son double, égrène ses souvenirs d'enfance, s'interroge aussi sur leur fiabilité, leur honnêteté. Enfance vagabonde entre des parents divorcés, la mère est remariée à Paris avec Kolia, le père est chimiste à Moscou où Natacha lui rend visite. Parfois aussi, elle passe ses vacances avec lui, à Interlaken ou ailleurs. Puis la mère et Kolia s'installent à Pétersbourg, le père et Véra à Paris où l'enfant va vivre définitivement. Natacha se sent délaissée par sa mère, Véra, froide et distante, ne réussit pas à apprivoiser la petite fille. Et même plus tard, elle souffre du rejet de sa mère, lorsqu'elle la rencontre brièvement à Paris. Les deux femmes ne réussissent plus à renouer contact.

Souvenirs heureux, l'été chez l'oncle Gricha ou la longue visite de la mère de Véra à Paris, souvenirs plus sombres, le souci de ne pas se sentir aimée de Véra, la disparition de l'ours chéri déchiré par Lili, la petite sœur, les paroles ou attitudes des grandes personnes parfois sibyllines et qu'elle aimerait comprendre.

Nathalie Sarraute tente de cerner au plus près ce que sont les souvenirs et ce que le temps est venu y ajouter.

Nathalie Sarraute est surtout connue pour son appartenance au mouvement du nouveau roman.

Extrait: *Je suis assise au bord de mon lit, le dos tourné à la fenêtre, je tiens debout sur les genoux mon compagnon, mon confident, mon ours au pelage doré, tout mou tout doux, et je lui raconte ce que maman vient de me dire... «Tu sais, nous allons bientôt revenir à Paris, chez papa... plus tôt que d'habitude... et là-bas, figure-toi qu'il y aura une autre maman...»*

Alors maman qui est là, qui m'entend, me dit d'un air fâché: «Mais qu'est-ce que tu racontes? Quelle autre maman? on ne peut pas en avoir une autre. Tu n'as au monde qu'une seule maman.» Je ne sais si elle a prononcé ces phrases ou seulement la dernière d'entre elles, mais j'y retrouve l'emphase inhabituelle avec laquelle elle m'a parlé, et qui m'a rendue muette, comme pétrifiée.

Lecture pour soi.

Traduction: Sarraute, Nathalie (1984): Kindheit, Köln (Kiepenheuer & Witsch).

Enfant multiple (L')

Roman d'Andrée Chedid (née en 1920 au Caire, vit à Paris), publié aux éditions Flammarion en 1989, *J'ai lu.*

Omar-Jo est égyptien musulman par son père, libanais chrétien par sa mère. Ses parents sont morts au Liban dans un attentat où lui-même a perdu un bras. Pour l'éloigner de cette tragédie, son grand-père l'envoie chez d'éloignés cousins qui ont une blanchisserie à Paris.

Omar-Jo fait la connaissance de Maxime Lineau, propriétaire d'un manège qui périclite. Omar-Jo lui offre son aide pour renflouer la caisse et attirer le public. C'est ainsi qu'ils deviennent amis et que Maxime reprend goût à la vie, tandis qu'Omar-Jo fait tourner le manège grâce à ses inventions et ses clowneries qui lui permettent de transposer les images tragiques qui l'obsèdent.

Le récit n'est pas chronologique et entrelace astucieusement la vie du grand-père Joseph au Liban, celle de Maxime et des cousins blanchisseurs à Paris. Omar-Jo crée un lien entre eux tous.

Andrée Chedid reprend ici le thème de la nouvelle *L'enfant des manèges* que l'on trouve dans le recueil *Les manèges de la vie*.

Extrait: *Ce furent d'autres paroles.*

Elles s'élèvent du tréfonds, extirpant Omar-Jo de l'ambiance qu'il avait lui-même créée. Oubliant ses jongleries, il laissait monter cette voix du dedans. Cette voix âpre, cette voix nue qui, pour l'instant, recouvrait toutes ses autres voix.

L'enfant multiple n'était pas là pour divertir. Il était là pour évoquer d'autres images. Toutes ces douloureuses images qui peuplent le monde.

Mené par sa voix, Omar-Jo évoque sa ville récemment quittée.

Lecture à partager, lecture pour soi.

D'Andrée Chedid on pourrait aussi lire: *L'autre, *Les manèges de la vie (nouvelles), Le sixième jour, La maison sans racines (nouvelles), Derrière les visages (nouvelles), La femme en rouge et autres nouvelles.

> *Même Jules Verne et Daniel Defoe, qui étaient censés passionner tous les enfants, cela tombait un peu des mains de Robinson, sa mère l'obligeait à en lire un chapitre par jour (non, je ne veux pas te contraindre, Rob, mais cela me ferait plaisir, et plus encore à ton père).*
> Le vrai Robinson, Etienne Barillier

Enfer (L')

Roman policier de René Belletto (né en 1945 à Lyon), publié à Paris chez P.O.L. en 1986, *J'ai lu.*

Lyon dans la chaleur moite du mois d'août. Plus rien ne va dans la vie de Michel Soler, le narrateur, 36 ans, journaliste musical. Il écrit une lettre à sa mère adoptive, Liliane Tormes, pour la préparer à son suicide. Lorsque le téléphone sonne – il s'agit d'une erreur – on demande *l'hôtel des Etrangers* et fixe rendez-vous à Monsieur Lichem pour 10 heures le lendemain, au 129 de la rue Duguesclin. En endossant cette identité qui n'est pas la sienne, Michel Soler remet momentanément son suicide et met le doigt dans un engrenage infernal. Il rencontre Michèle, une fille mystérieuse dont il tombe amoureux, Simon, un petit garçon peu commun. Il est pris au piège d'une invraisemblable et diabolique histoire où se mêlent la musique, un tableau et la médecine ophtalmologique.

Michel Soler a été pianiste et a écrit un livre sur *Les Fugues de Bach*, il sera donc beaucoup question de musique, mais aussi d'amour, de folie et de mort. Et puis souvent, il sillonne les rues de Lyon en voiture, mais les ramifications de son histoire l'entraîneront jusqu'à la frontière espagnole. Roman captivant et complexe.

Extrait: *Les maisons devinrent plus rares. Numéro 43. La propriété des Dioblaniz était une ancienne ferme remise à neuf, plusieurs bâtiments disposés en rectangle autour d'une cour intérieure qu'on voyait de la route, à travers les barreaux d'une grille. Ce rectangle était pris dans le rectangle plus vaste d'un terrain clos de hauts murs. Sans doute parce que je connaissais les Dioblaniz et savais qu'ils étaient boliviens et entourés de Boliviens, cette ferme bien lyonnaise de la grande banlieue m'apparut dans le jour finissant comme un morceau d'ailleurs greffé sur le sol lyonnais. Je dépassai le 43, m'arrêtai une centaine de mètres plus loin, la voiture collée au mur d'enceinte.*

Lecture à partager, lecture pour soi.

Traduction: Belletto, René (1988): Höllische Augenblicke, Berlin (Rowohlt TB).

De René Belletto on pourrait aussi lire: Le revenant, La machine.

Et si c'était vrai...

Roman de Marc Levy (né en 1961 à Boulogne), publié à Paris chez Robert Laffont en 2000, *Pocket.*

San Francisco, été 1966. A la suite d'un accident de voiture, Lauren Kline se trouve au Memorial Hospital dans un coma profond. Elle reprend conscience en salle de réveil avec des sensations étranges, entend tout ce que l'on dit, mais ne peut ni bouger ni communiquer avec autrui. Elle découvre, un peu plus tard, qu'en se concentrant très fort sur un lieu particulier, elle parvient à s'y retrouver aussitôt. C'est ainsi que, six mois plus tard, Arthur, jeune architecte qui vient de louer son appartement, la trouve assise sur le canapé de sa salle de séjour. Lauren comprend alors que seul Arthur a la capacité de la voir. Il croit tout d'abord à une mystification, mais pour le persuader qu'il s'agit bien de son dédoublement, Lauren l'emmène dans sa chambre d'hôpital.

Peu à peu, Arthur s'attache à Lauren et prend goût aux longues promenades dans lesquelles elle l'entraîne. Jusqu'au jour où Lauren, paniquée, apprend à Arthur que les médecins de l'hôpital ont décidé de pratiquer une euthanasie sur son corps. Arthur sort alors de son apathie, confie son secret à son ami Paul et tous deux tentent d'intervenir.

Roman au rythme rapide dont on a hâte de connaître le dénouement. Utilisant le mystère médical du coma, c'est à la fois un roman de science-fiction et un roman d'amour.

Extrait: *Il faut croire que la plus grande inconscience de l'homme, c'est celle de sa propre vie. Toi tu prends conscience de tout cela, parce que tu es en danger, et cela fait de toi un être unique, par ce dont tu as besoin pour vivre: les autres, parce que tu n'as plus le choix. Alors pour répondre à la question que tu ne cesses de me poser depuis tant de jours, si je ne prends pas de risques, toute cette beauté, toute cette énergie, toute cette matière en vie te deviendrait définitivement inaccessible. C'est pour cela que je fais cela, réussir à te ramener au monde donne un sens à ma vie. Combien de fois ma vie m'offrira-t-elle de faire une chose essentielle?*

Lecture de vacances.

Traduction: Levy, Marc (2000): Solange du da bist, Berlin (Aufbau).

De Marc Levy on pourrait aussi lire: Où es-tu?

Été meurtrier (L')

Roman policier de Sébastien Japrisot (1931 à Marseille – 2003 à Vichy), publié à Paris chez Denoël en 1977, *Folio.*

Le bourreau, la victime, le témoin, l'acte d'accusation, la sentence, l'exécution. Tels sont les titres des chapitres. Et dans chaque chapitre un narrateur différent donne sa version des faits. Cela ne simplifie évidemment pas la compréhension. Retrouver le fil de l'histoire est peut-être un peu ardu mais captivant. C'est à la fois une histoire d'amour, une histoire de vengeance, une histoire de viol. Mais c'est avant tout l'histoire de gens simples dépassés par les malheurs qui les assaillent.

Au centre, il y a ELLE, Eliane, une fille belle comme le jour, mais un peu désaxée et au comportement incompréhensible pour son entourage. Elle embobeline Pin-Pon pour se faire épouser, lui est follement amoureux d'Eliane. Mais ce qui intéresse vraiment Eliane, c'est ce vieux piano mécanique au fond de la grange de la famille Montecciari. Car c'est lui qui est à l'origine des déboires de tous: des parents d'Eliane, d'Eliane elle-même, de Pin-Pon et de ceux qui, ce jour d'hiver, avaient transporté le piano mécanique sur leur camion pour le remonter chez les Montecciari.

Extrait: *Qu'est-ce qui arrive? Mettons qu'on joue aux dominos. Il me laisse gagner exprès, il sourit avec ses fossettes, il dit que je suis drôlement intelligente. Je suis toujours la plus belle et la plus intelligente et la plus tout. Il n'arrête pas une seconde de me parler et de me dire que je suis sa chérie mignonne. Je peux rester ma vie à penser ça, mon flacon dans mon poing pour les venger tous les deux. Elle toute petite et son papa qui l'adore. Comment elle dit, Cognata? «Quel beau temps, c'était.»*

Lecture à partager, lecture pour soi.

Film: L'été meurtrier de Jean Becker, 1982.

De Sébastien Japrisot on pourrait aussi lire: Adieu l'ami, Le Passager de la pluie, Piège pour Cendrillon, La Dame dans l'auto avec des lunettes et un fusil, Un long dimanche de fiançailles.

Étoile errante

Roman de J.M.G. Le Clézio (né en 1940 à Nice), publié à Paris chez Gallimard en 1992, *Folio.*

Eté 1943. Hélène – de son vrai nom Esther – et ses parents juifs se cachent dans un petit village de l'arrière-pays niçois proche de la frontière italienne. Hélène et sa mère Elizabeth réussissent à passer en Italie, alors que le père disparaît en accompagnant un groupe de fugitifs dans la montagne.

La guerre finie, Esther et Elizabeth décident d'aller vivre en Israël. Le jour de leur arrivée, après un voyage mouvementé et harassant, Esther croise le regard de Nejma, une jeune Palestinienne qui doit quitter son pays, chassée par les nouveaux arrivants. Les deux jeunes filles échangent rapidement leur prénom, elles ne se reverront plus, mais le souvenir du regard de Nejma ne quittera plus Esther.

Les deux jeunes femmes vivent le même destin de fuite et de vie incertaine. On retrouve Nejma un peu plus tard en 1948 vivant de manière aléatoire dans le camp de Nour Chams et notant consciencieusement dans son cahier de carton noir tous les événements et toutes les fuites de sa vie. Puis on apprend qu'Esther, mariée à Jacques et bientôt mère, perd son mari tué à la guerre.

A travers l'histoire d'Esther et de Nejma, c'est toute l'épopée tragique des Juifs et des Palestiniens depuis la fin de la deuxième guerre mondiale.

Extrait: *La jeune fille s'approcha d'elle jusqu'à la toucher. Ses yeux brillaient d'une lueur étranqe, mais elle ne parlait pas, elle ne demandait rien. Un long moment, elle resta immobile avec sa main posée sur le bras d'Esther, comme si elle allait dire quelque chose. Puis, de la poche de sa veste elle sortit un cahier vierge, à la couverture de carton noir, et sur la première page, en haut à droite, elle écrivit son nom, comme ceci, en lettres majuscules: N E J M A. Elle tendit le cahier et le crayon à Esther, pour qu'elle marque aussi son nom.*

Lecture à partager, lecture pour soi.

De Le Clézio on pourrait aussi lire: *Hasard suivi d'Angoli Mala, *Poisson d'or, *La ronde et autres faits divers, Mondo et autres histoires, La Quarantaine, Onitsha.

Étranger (L')

Roman d'Albert Camus (1913 en Algérie – 1960 près de Villeblevin), publié à Paris chez Gallimard en 1942, *Folio.*

Alger dans les années trente. Dans la première partie, Meursault, employé de bureau, apprend la mort de sa mère. Il assiste à la veillée funèbre, puis à son enterrement, ne manifeste aucun sentiment, mais souffre de la chaleur torride. Il rencontre Marie, va au cinéma et passe la nuit avec elle, puis seul s'ennuie le dimanche. Par complaisance, il écrit une lettre pour son voisin Raymond. D'autres faits suivront que Meursault relate dans une indifférence complète. Sensible à la nature, il profite de chaque instant, jouit intensément de la mer et du soleil. Il en sait la précarité. Lorsque, à la plage, Meursault tue un Arabe de quatre coups de revolvers, c'est l'irruption de la tragédie dans son quotidien.

Dans la deuxième partie, Meursault est en prison. Il assiste avec détachement à son procès. On lui reproche de ne pas avoir pleuré à la mort de sa mère, d'avoir fumé lors de la veillée funèbre et fait l'amour le lendemain de la mort de sa mère. Meursault est alors condamné à mort parce qu'il méconnaît les normes fondamentales de la société.

Cependant, privé de liberté, Meursault réalise qu'il a suffisamment de souvenirs de sa vie d'avant pour ne pas s'ennuyer dans sa cellule.

Meursault «étranger» à la société et à ses exigences dans la première partie, se prend le temps de développer une conscience en accord avec lui-même dans la deuxième partie.

Extrait: *Les journalistes tenaient déjà leur stylo en main. Ils avaient tous le même air indifférent et un peu narquois. Pourtant, l'un d'entre eux, beaucoup plus jeune, habillé en flanelle grise avec une cravate bleue, avait laissé son stylo devant lui et me regardait. Dans son visage un peu asymétrique, je ne voyais que ses deux yeux, très clairs, qui m'examinaient attentivement, sans rien exprimer qui fût définissable. Et j'ai eu l'impression bizarre d'être regardé par moi-même.*

Lecture à partager, lecture pour soi.

Traduction: Camus, Albert (2004): Der Fremde, Berlin (Rowohlt TB).

Film: L'étranger de Visconti, 1967.

D'Albert Camus on pourrait aussi lire: *Les Justes, La peste, Le malentendu, Caligula, L'exil et le royaume.

Exil selon Julia (L')

Récit de Gisèle Pineau (née en 1956 en France), publié à Paris chez Stock en 1996, *Folio.*

Gisèle Pineau, originaire de la Guadeloupe, grandit dans un HLM de la région parisienne. Maréchal, son père est militaire de carrière et Daisy, sa mère, a une vie de société très active. Dans sa tour de béton, la petite Gisèle est malheureuse et souffre du racisme de ses camarades qui la traitent de Bamboula, de Blanche-Neige ou de négresse à plateau. Et lorsque sa grand-mère Julia, appelée Man Ya, vient vivre dans son HLM, la vie de Gisèle et de ses frères et sœurs en est transformée. Man Ya n'a jamais vraiment désiré quitter son île, elle ne parle que créole et dépérit dans le petit appartement haut perché dont elle est incapable de sortir seule. Sa seule consolation est de raconter aux enfants, en créole, les contes de son pays avec les Diables, les démons, les sorciers, Ti Jean l'horizon ou Compères Tigre et Lapin. Elle raconte aussi son extraordinaire et luxuriant jardin dont elle énumère les oiseaux, les fruits et les feuillages. Avec Man Ya le merveilleux créole entre dans la vie de Gisèle. Elle rêve de découvrir, un jour, le pays et le jardin fabuleux de sa grand-mère. Comme Man Ya souffre trop du mal du pays, un cousin la ramène chez elle. Elle manque à Gisèle qui lui écrit des lettres qu'elle n'enverra jamais. Enfin des années plus tard, le rêve de Gisèle s'accomplira et elle ira rejoindre Man Ya en Guadeloupe.

Extrait: *Julia nous quitte dans la peine et les pleurs. Nous l'avons sentie mieux qu'une bienheureuse à son départ. Elle va retrouver son jardin qui lui donne le manger, les herbes à guérison, son chemin des Routhiers, ses grands bois au bas de la Souffrière, sa case au pied des Chutes-Carbet... Sa case, ouverte sur les quatre bords, regardant les quatre points cardinaux. Sans demander, sans frapper, la vie est là. Nous entendons les babillages de la boutique de Louise, les bruissements du jardin, le boucan de la rivière, les chuchu de la source, les grognements des animaux.*

Lecture à partager, lecture pour soi.

Traduction: Pineau, Gisèle (1998): Die Frau, die den Himmel aufspannt, Wuppertal (Peter Hammer).

De Gisèle Pineau on pourrait aussi lire: Un papillon dans la cité, La grande drive des esprits, L'espérance-macadam.

Farinet ou la fausse monnaie

Roman de C.-F. Ramuz (1878 à Lausanne – 1947 à Lausanne), publié chez Henri-Louis Mermod en 1932, Plaisir de Lire.

L'histoire se passe dans les montagnes du Valais au 19e siècle. Maurice Farinet, réfractaire à l'ordre et aux lois, a découvert de l'or dans les montagnes. Il en fabrique des pièces de monnaie qu'il distribue généreusement aux habitants de son village.

Mais le gouvernement, qui siège dans la vallée, le fait mettre en prison. Mystérieusement aidé – Farinet compte beaucoup d'amis dans la population – il s'enfuit et, durant tout un été, nargue le gouvernement et ses gendarmes du haut de sa montagne où protégé par ses amis, il poursuit sa production et distribution de pièces de monnaie en or.

Tout change lorsque Farinet tombe amoureux de la jeune, belle et riche Thérèse et que les premiers signes de l'automne se manifestent dans la montagne. Farinet alors se met à réfléchir à ce qui l'attend et aux différents sens du mot «liberté».

Le véritable Farinet s'appelait Joseph Samuel Farinet, il était faux-monnayeur et contrebandier. Ramuz s'en est très librement inspiré. Farinet reste un héros honoré dans tout le Valais, mais aujourd'hui, le Farinet de Ramuz, un brin sauvage et anarchiste, a pris pied sur le vrai Farinet et continue à vivre dans le cœur de ceux qui l'aiment.

Extrait: *Et, de nouveau, il se disait: «Me rendre, moi! Ils ont cru peut-être que je suis à vendre! Un verre de vin et un cigare, c'est bon marché». Il a ri un peu, les mains dans ses poches. Il marchait maintenant avec lenteur, parce qu'il voyait que, ces décisions à prendre, ça n'était pas si simple que ça... Il est descendu le long de la baie, puis il avait rejoint les vignes. Il était dans une cendre de lune, et dans un léger duvet gris de lune disant la douceur de la vie. Il voyait qu'elle peut être douce; il le voyait pour la première fois. Ce qui a fait qu'il s'est senti fatigué et en même temps il était heureux.*

Lecture à partager, lecture pour soi.

Traduction: Ramuz, C.-F. (2003): Farinet oder das falsche Geld, Zürich (Limmat).

Film: Farinet de Max Haufner, 1938.

De Ramuz on pourrait aussi lire: *La Beauté sur la Terre, *Si le soleil ne revenait pas, Aline, Derborence, La Grande Peur dans la Montagne.

Femme de Gilles (La)

Roman de Madeleine Bourdouxhe (1906 à Liège – 1996 à Bruxelles), publié à la NRF à Paris en 1937, Actes Sud en 2004.

Une petite ville ouvrière belge dans les années trente. Le bonheur d'Elisa est parfait. Elle aime son mari Gilles, son bel ouvrier. Pour lui, chaque jour elle s'affaire dans son ménage, prépare le repas en attendant impatiemment le soir, tandis que les jumelles jouent dehors. A son retour et après avoir mangé, Gilles partage avec Elisa les travaux du jardin, balaie la neige ou joue avec les deux enfants.

Or, un jour, Elisa sent confusément que ce doux équilibre est rompu. La responsable en est Victorine, sœur cadette d'Elisa, dorénavant une belle jeune femme. Gilles, sensible à ses attraits, change, devient morose et s'éloigne de sa famille. Elisa décide de défendre son bonheur, de rester vigilante et patiente aux côtés de son mari jusqu'à ce qu'il lui revienne.

Avec abnégation mais en proie à une intense souffrance, Elisa partage les malheurs de Gilles avec la volage Victorine, alors que Gilles ne pense qu'à lui-même et aux supplices que Victorine lui inflige.
Beau et douloureux roman d'amour.

Extrait: *En effet, Elisa arrêta le défilé des images. Elle se dit: «Depuis des semaines, il se passe quelque chose entre Gilles et Victorine... Peut-être même est-il trop tard pour empêcher le pire...».*

Mais ce n'était que des étapes. Elisa attendit un instant. Elle rassembla ses forces. Enfin elle y arriva: courageusement, elle s'asséna en plein cœur: «Gilles ne m'aime plus.» Elle chancela. En un grand geste maladroit elle tendit les bras vers Gilles endormi, comme si elle allait lui demander de l'aide. Elle s'arrêta à temps. Non, Elisa, cette fois tu souffriras seule. Pour la première fois tu ne peux demander appui à la tendresse de Gilles, tu dois te défendre comme si tu étais seul au monde. Personne ne pourra t'aider, Gilles ne peut t'aider... *Tu es seule devant la plus grande douleur de ta vie.*

Lecture à partager, lecture pour soi.

Traduction: Bourdouxhe, Madeleine (1996): Gilles Frau, München (Piper).

Film: La femme de Gilles de Frédéric Fonteyne, 2004.

Folle allure (La)

Roman de Christian Bobin (1951 au Creusot), publié à Paris chez Gallimard en 1995, *Folio*.

A deux ans, on la découvre endormie contre le ventre du loup. Quand le loup meurt, elle a huit ans, l'enterre dans un champ de coquelicots et lui donne son pyjama. Elle vit dans un cirque, sillonne le pays avec ses parents, ses frères jumeaux et, dès qu'elle le peut, elle s'enfuit. Elle s'en va, s'invente des identités, s'appelle Prune Armandon, Belladonne, Marie ou Ludmilla. Son père fâché vient la chercher, sa mère éclate de rire. Le rire est le propre de sa mère, toute situation aussi embarrassante soit-elle se libère dans son rire salvateur. Mais le cirque décline, le père est congédié, il devient fossoyeur, la mère trouve du travail chez un fleuriste et elle, on l'envoie au pensionnat. Ainsi la vie suit son cours et elle se dit: on verra bien, attendant que la situation change. A dix-sept ans, elle rencontre Roman, devient Madame Kervoc. Dix ans plus tard, de fuite en fuite, elle se trouve dans un petit hôtel du Jura, avec une rame de papier et des cassettes de Bach. Elle écrit ce qui lui est arrivé pour retrouver le fil des choses et savoir, on verra bien, comment continuer.

Elle court après la vie, elle court après l'amour. Livre doux et sensible sur l'art de la fugue.

Extrait: *C'est drôle. Ce n'est pas drôle du tout: pas une seconde je n'ai pensé revenir vers Roman, frapper à sa porte. C'est peut-être en moi une infirmité, c'est peut-être une grâce, c'est comme ça: ce qu'on me donne, je le prends. Ce qu'on me retire, je n'en veux plus. Vraiment, je suis facile à quitter. Je me demande si, à la place d'un garçon, je tomberais amoureux d'une fille avec un cœur aussi, comment dire: sec. Un cœur sec? Non, pourtant, je ne dirais pas ça. Léger. C'est déjà mieux. J'ai le cœur léger. Ce n'est pas encore tout à fait ça, ça s'en rapproche: j'ai le cœur titati titati.*

Lecture de vacances, lecture à partager, lecture pour soi.

De Christian Bobin on pourrait aussi lire: Isabelle Bruges, Une petite robe de fête.

Les personnages de fiction ne nous éclairent pas, ils réfléchissent sur nous, ils nous réfléchissent, voilà qu'ils nous regardent. Ils nous engagent et nous baptisent dans la langue, apparitions. Parce que les mots sont plus forts que le monde, ils sont dangereux, ils nous obligent.

Nous nous connaissons déjà, Anne-Marie Garat

Foraine

Roman de Paul Fournel (né en 1947 à Saint-Etienne), publié à Paris au Seuil en 1999, *Points.*

C'est la fête au village. Comme chaque année, les forains arrivent. En tête et ouvrant le cortège de voitures et de caravanes, Marcel Kébir et son stand de tir, puis Janine Bandelmas au volant du semi-remorque et Jean Bandelmas se pavanant dans sa grosse voiture, les dépassant tous en klaxonnant. Ils s'installent autour de la place. Il y a là aussi Jacques Bandelmas, frère jumeau de Jean et sa femme Odette qui meuble sa caravane de meubles Louis XV, la mère de Marcel Kébir qui écrit des lettres d'amour sur mesure, Théo Barda et sa boutique à gaufres.

Lorsque le car s'arrête sur la place, en descend celle que tous attendent fébrilement: Foraine, dix-huit ans, fille de Jean et de Janine. Elle vient de passer son bac et porte une jupe très courte. Elle va, le temps de la fête, faire tourner la tête à cinq hommes (au moins), tandis que celle des gosses tournera au rythme des manèges.

C'est un livre tendre et triste, un brin nostalgique aussi sur les joies de la fête, la vie qui passe, les sentiments refoulés ou ceux qui sortent en bagarre. Mais lequel de ces amoureux sera celui que la belle Foraine épousera un an plus tard?

Extrait: – *Tu as de la chance d'avoir beaucoup d'amoureux, lui explique la vieille dame. Ce qui est infiniment moins douloureux que de ne pas en avoir assez, mais qui n'est pas facile pour autant. Tu vas faire des malheureux, ensuite ils te bouderont, ils t'en voudront... Mais, vu la tournure des événements, je pense que tu vas avoir du mal à les prendre tous.*
– *C'est agréable de les avoir tous gentils, prêts à tout pour me faire plaisir.*
– *Tant que tu n'en choisis pas un, ils sont tous à toi.*
– *Je ne pense pas pouvoir tenir longtemps....*
– *Même les belles filles ont besoin d'amour.*

Lecture de vacances, lecture pour soi.

De Paul Fournel on pourrait aussi lire: Les petites filles respirent le même air que nous (nouvelles), Les grosses rêveuses (nouvelles), Les athlètes dans leur tête (nouvelles).

Gone du Chaâba (Le)

Roman d'Azouz Begag (né en 1957 à Lyon), publié à Paris au Seuil en 1986 dans la collection *points virgule*.

Le Chaâba est un bidonville de Lyon. Une nuée de gones – de gosses – y vivent avec leurs familles d'origine algérienne. Le narrateur est l'un d'eux à patauger dans la boue, la pauvreté et le dénuement. Les maisons n'ont ni électricité, ni eau courante et aller aux toilettes devient une périlleuse expédition. Pour échapper à la misère et réussir dans la vie, le narrateur décide de suivre les conseils de son père et de travailler de manière acharnée à l'école. Or, cela lui crée aussitôt des problèmes avec ses congénères qui, pour leur part, n'aiment pas trop la discipline scolaire. Et s'identifier aux Français, à leur morale, à leur logique et à leurs coutumes n'est pas une mince affaire non plus. Il entre alors en conflit avec lui-même, sa famille, sa culture d'origine qu'il lui arrive de trahir sans vraiment le vouloir.

Le texte, en partie autobiographique, décrit les années 60 en France, la vie dans les bidonvilles puis leur abandon pour aller s'installer dans les HLM qui seront à l'origine d'autres difficultés.

Le livre parle des difficultés des enfants partagés entre deux cultures, mais montre aussi combien l'éducation et la formation sont importantes.

Extrait: *Comment vais-je faire, lundi, en retrouvant mon maître à l'école? Que faut-il lui dire? Va-t-il me parler de ce qu'il a vu devant tous les élèves de la classe? La honte! Je crois que le hasard m'a joué un très mauvais tour. Est-ce que c'est bien, pour la morale, d'aller vendre sur le marché des fleurs qu'on a seulement cueillies dans la forêt? Non. Quand on est bien élevé, on ne fait pas des choses comme celle-là. D'ailleurs, au marché, il n'y a pas de petits Français qui vendent des lilas, seulement nous, les Arabes du Chaâba.*

Lecture de vacances, lecture à partager.

Traduction: Begag, Azouz (1998): Der Junge vom Stadtrand, Zürich (Nagel und Kimche).

Film: Le gone du Chaâba de Christoph Ruggia, 1997.

D'Azouz Begag on pourrait aussi lire: *Le passeport, *Ahmed de Bourgogne, Quand on est mort, c'est pour toute la vie.

Grandes blondes (Les)

Roman de Jean Echenoz (né en 1947 en France), publié à Paris aux éditions de Minuit en 1995, *Double*.

Paul Salvador travaille pour une société de production télévisée, section divertissements, et projette une série d'émissions sur les grandes blondes. Il engage Jouve pour rechercher Stella Gloria, ancienne star de la chanson, disparue. Jouve envoie son subordonné, Jean-Claude Kastner, en Bretagne sur les traces de Stella. Stella – dorénavant Gloria – qui l'a repéré, le fait boire, puis basculer en bas les rochers. C'est ainsi que le lecteur fait connaissance de Stella Gloria qu'il ne va plus quitter dans sa fuite à travers le monde et ses innombrables péripéties la menant, entre autres, à Paris, Bombay ou Sydney.

Gloria a deux particularités. D'une part celle de se débarrasser des importuns en les précipitant dans le vide (ce qui lui a valu déjà pas mal d'ennuis). Par ailleurs, elle est accompagnée de Béliard, petit personnage d'une trentaine de centimètres, élégant mais invisible à tout autre qu'elle-même et avec qui elle a des relations complexes. Il la sermonne ou la conseille dans ses nombreuses entreprises.

Le récit est rocambolesque et tient le lecteur en haleine. Gloria presque retrouvée puis reperdue, ses pour suivants, détectives de petite envergure, sont eux-mêmes pris dans les contingences de la vie: histoires de came, de chevaux bourrés de drogue ou de retrouvailles inattendues.

Extrait: – *On pouvait s'en douter, dit-il. Bon, qu'est-ce qu'on fait?*
– *C'est toi qui dis, fit-elle, c'est toi qui as les idées.*
– *Mon idée, c'est qu'on marche, dit Béliard. Ça va nous changer d'air. Et puis, questionna-t-il, qu'est-ce qu'on a à perdre au point où on en est?*
– *Je ne sais pas, dit-elle. Comme tu veux.*
– *Oui, dit Béliard, autant s'éloigner. Et puis on sera plus tranquilles à Bombay. C'est grand, c'est anonyme, on nous foutra la paix. D'ailleurs je ne connais pas du tout, moi, Bombay. C'est bien?*

Lecture à partager, lecture pour soi.

Traduction: Echenoz, Jean (2002): Die grossen Blondinen, Berlin (Berlin Verlag).

De Jean Echenoz on pourrait aussi lire: *Je m'en vais, *Un an, L'équipée malaise.

Hasard suivi d'Angoli Mala

Romans de J.M.G. Le Clézio (né en 1940 à Nice), publiés à Paris chez Gallimard en 1999, *Folio.*

Ce sont deux courts romans ou deux longues nouvelles. Dans le premier texte, *Hasard,* Nassima s'enfuit. Elle fuit sa mère Nadia, la monotonie des jours tous pareils depuis le départ de son père Kergas et la vente de leur maison. Nassima embarque sur le *Azzar* comme passagère clandestine. C'est alors un voyage étrange et fascinant, Nassima seule à bord avec le cinéaste richissime Juan Moguer et l'énigmatique Andriamena. Auprès des deux hommes, Nassima fait l'apprentissage merveilleux de la liberté et s'assujettit aux durs travaux de la mer jusqu'au jour où le drame éclate. C'est alors le commissariat, suivi du retour en France et à la vie normale et réglée de l'école.

Le deuxième récit, Angoli Mala, est beaucoup plus court, Bravito, Indien de la tribu des Waunanas élevé en ville par un couple de missionnaires après la mort de ses parents, retourne, à 18 ans et de son plein gré, dans la forêt pour renouer avec sa famille et sa vie originelle.

Nassima comme Bravito fuient la ville pour s'initier à une vie plus proche de la nature. Pour tous deux l'aventure prendra fin de manière abrupte.

Les thèmes des deux textes sont proches, le besoin d'évasion, la fuite de la famille, les heurts avec les adultes. Le Clézio a choisi de les réunir en un volume, car ils parlent du même apprentissage et sont le miroir l'un de l'autre, dit-il.

Extrait: *Nassima aimait aller à l'avant du navire, là où la solitude était la plus grande. Elle restait des heures, presque sans bouger, à regarder l'horizon vide. Le sel l'avait brûlée, jusqu'à faire saigner ses lèvres. Ses paupières étaient irritées, elle avait l'impression que ses vêtements contenaient du sable. Elle graissait ses lèvres avec un bâton de vaseline que Moguer lui avait donné. Ses yeux étaient plissés comme ceux d'Andriamena, deux fentes étroites qui filtraient la lumière. Maintenant, elle fuyait le soleil.*

Lecture à partager, lecture pour soi.

De Le Clézio on pourrait aussi lire: *Etoile errante, *Poisson d'or, *La ronde et autres faits divers, Mondo et autres histoires, La Quarantaine, Onitsha.

Hier

Roman d'Agota Kristof (née en 1935 en Hongrie, vit à Neuchâtel), publié à Paris au Seuil en 1995, *Points.*

Sandor Lester travaille dans une fabrique d'horlogerie. Sandor Lester n'est pas son vrai nom et il ne vit pas dans son vrai pays. Sa vie quotidienne est monotone, grise et faite de répétitions fastidieuses. Pour s'occuper, il part en vacances avec Yolande. Pour fuir, il rêve ou va au café retrouver d'autres exilés où ils dérivent dans la boisson et les récits d'absence et de solitude. Parmi eux, les suicides sont nombreux, on ne résiste pas à l'absence et au vide.

De son enfance, il n'aime pas parler. Cependant, il garde le souvenir indélébile de son premier amour, Line, la fille de l'instituteur. Il l'attend toujours. Un jour, Line se trouve dans le même bus que lui, elle travaille dans la même usine. Son mari, physicien, jouit d'une bourse pour la durée d'un an. Sandor renoue avec l'amour de son enfance. Mais ce ne peut être qu'une histoire douloureuse.

Agota Kristof a quitté la Hongrie en 1956 et a travaillé dans l'horlogerie. Elle connaît intimement les milieux et les sentiments dont elle parle.

Extrait: *En rentrant chez moi, je pense que je pourrais épouser Véra. La différence d'âge n'est pas trop grande, même pas dix ans. Mais il faut d'abord que je me débarrasse de Yolande. Il faut que je décide de rompre avec elle. Pendant les vacances. Cela me permettra d'écourter ce séjour abominable, aussi ennuyeux et désagréable que l'an passé: nuit et jour, une semaine avec Yolande! Sans compter la chaleur, les moustiques, la foule du terrain de camping.*

Lecture à partager, lecture pour soi.

Traduction: Kristof, Agota (1998): Gestern, München (Piper).

Film: La brûlure du vent de Silvio Soldani, 2001.

D'Agota Kristof on pourrait aussi lire: *Le troisième mensonge, *L'analphabète, Le grand cahier, La preuve.

– Je m'ennuie quand un livre est trop long. Et puis j'aime mieux les histoires vraies.
– Les récits historiques?
– Oui. Et les voyages; et ce qu'on lit dans les journaux.
– Votre papa vous laisse lire les journaux?
Les belles images, Simone de Beauvoir

Homme de chevet (L')

Roman d'Eric Holder (né en 1960 à Lille), publié à Paris chez Flammarion en 1995, *J'ai lu.*

Elle: Muriel, tétraplégique à la suite d'un accident, aigrie et rebelle. Lui: De lui, on sait peu de choses. Il vit seul dans une petite chambre, manque d'argent et boit. On sent en lui un être vulnérable. Il est engagé par Muriel comme garde-malade. Les soins à donner sont pénibles. Leur relation est d'abord distante, hostile. Après une phase de méfiance, il introduit des changements dans le quotidien de Muriel qui, au fil des jours, se laisse apprivoiser. Il l'installe dans un fauteuil au jardin, la mène en voiture à la librairie, la sort au restaurant et lui permet de renouer avec la vie extérieure.

Cependant, lui aussi change peu à peu. Il abandonne la boisson, reprend de l'exercice physique et renoue avec les milieux de la boxe dont il faisait partie.

L'homme de chevet est l'histoire de la rencontre de deux êtres blessés, rendus sauvages par les circonstances.

Extrait: *Il avait trouvé le T-shirt sur la table du séjour, enveloppé dans un plastique transparent et scellé par une gommette. Où est-ce que je le range? avait-il crié en direction de la chambre. Comme elle ne répondait pas, il s'était avancé jusqu'à la porte, le balai à la main. Son menton tranchait sur le fil du drap fraîchement bordé. C'est pour vous, finit-elle par dire.*

C'est pour moi. Il était revenu à la table, l'avait sorti du plastique. Il était en coton blanc, avec un petit motif brodé sur la poitrine. Peut-être un peu grand pour lui.
Je...

Lecture à partager, lecture pour soi.

D'Eric Holder on pourrait aussi lire: *Mademoiselle Chambon, Duo forte, Bienvenue parmi nous, Nouvelles du Nord et d'ailleurs (nouvelles), On dirait une actrice (nouvelles).

Je me souviens d'un livre qui s'appelait Jody et le Faon, et d'un autre qui racontait la vie d'un éleveur de castor (avec, aussi, un animal, une espèce de cerf, que j'appelai toujours «original» au lieu de «orignal»), et de Mon amie Flicka, et de Mazo de la Roche.
Je me souviens, Georges Perec

Homme rompu (L')

Roman de Tahar Ben Jelloun (né en 1944 à Fès au Maroc, vit en France), publié à Paris au Seuil en 1994.

L'histoire se passe au Maroc. Mourad, ingénieur honnête, est sous-directeur de la planification, de la prospection et du progrès. Son salaire est très bas. Il est insuffisant pour payer ses cigarettes, les livres d'école de ses enfants, l'épicier et les robes de sa femme. Mourad en souffre. De son côté, son subordonné Haj Hamid, vit dans l'aisance, possède une belle villa et une grosse voiture. En effet, il sait se plier à l'usage des «cadeaux». Même le patron de Mourad l'encourage à être plus souple et à s'adapter pour compenser les manques de salaire. Bref, autour de Mourad la corruption règne et lui se bat pour y échapper.

Mais Hlima, sa femme, ne supporte pas leur pauvreté qu'elle lui reproche âprement. Sa fille Karima est asthmatique et a besoin de soins, son fils Wassit est obligé d'étudier à l'extérieur, car l'appartement est trop exigu. Un jour, Mourad accepte une enveloppe épaisse, cachée dans un document à signer. C'est le début de l'engrenage. Mais ce n'est pas donné à chacun d'entrer dans le cercle des corrompus.

Extrait: *Je le feuillette. Je ne comprends pas pourquoi Haj Hamid insiste pour que je l'étudie. Entre deux chemises, une enveloppe assez épaisse. Aucune indication n'y figure. Une enveloppe blanche. Elle est adressée à tout le monde et à personne. Je sais ce qu'il y a dedans. Je l'ouvre quand même. Deux liasses de billets de cent et de deux cents dirhams. Ça fait à vue d'œil deux millions de centimes. Je les compte. Les billets sont neufs. Je les recompte. J'entends du bruit dans le couloir. Je les remets dans l'enveloppe. Je tremble.*

Lecture à partager, lecture pour soi.

Traduction: Ben Jelloun, Tahar (1996): Der korrumpierte Mann, Hamburg (Reinbek).

De Tahar Ben Jelloun on pourrait aussi lire: Le premier amour est toujours le dernier, Moha le fou, Moha le sage, L'enfant de sable, La Nuit sacrée, Les Yeux baissés, Les Raisins de la galère.

Hommes qui marchent (Les)

Roman de Malika Mokeddem (née en 1949 à Kénadsa en Algérie, vit en France), publié à Paris aux Editions Grasset & Fasquelle en 1997, *Le livre de poche.*

Le roman se passe à l'époque de la guerre d'Algérie dans le sud de ce pays. Au centre du récit, deux femmes entourées d'une nombreuse famille: Zohra, l'ancêtre aux sombres tatouages et sa petite fille Leïla. Devenue sédentaire, Zohra regrette la vie nomade et en raconte le bonheur perdu à ses petits enfants. Leïla est rebelle comme l'oncle Djelloul (il s'est battu pour apprendre à lire et écrire) et la tante Saâdia (après bien des déboires, elle dirige une teinturerie) et refuse le mariage qu'on lui impose.

En 1962, quand la guerre prend fin, chacun se réjouit de l'indépendance du pays. Cependant, les espérances des femmes sont vite trahies. La liberté n'est pas pour tout le monde. Les femmes restent cloîtrées dans leur cour. Soutenue par sa grand-mère Zohra, Leïla est l'une des rares filles à fréquenter l'école, puis le lycée. Malgré de nombreuses humiliations, Leïla réussira à devenir médecin.

C'est l'histoire d'une émancipation, celle de Leïla, mais c'est aussi l'histoire de la guerre d'indépendance de l'Algérie, de ses blessures, de ses espoirs, puis de ses déceptions lorsque sous prétexte de religion, l'obscurantisme et le fondamentalisme étouffent les velléités de libération.

Extrait: *L'argent, les Ajalli connaissaient maintenant les douleurs de sa rareté. Dans la vie nomade, ils ne pratiquaient jamais que le troc. Tout était plus simple. A présent, même pour se nourrir, il fallait posséder ces bouts de papier aussi froissés et crasseux que la misère. Zohra trouvait cela bien absurde. Echanger du sel contre d'autres denrées alimentaires, ça oui! Le sel était le gemme de la vie, une magie de lumière, de caravanes et de légendes. Mais ces papiers «plus sales que le visage d'un orphelin, plus mâchonnés et tristes que le temps immobile des sédentaires!» Et son pauvre fils Tayeb qui s'échinait, la pioche à la main, dans la fournaise des jardins.*

Lecture à partager, lecture pour soi.

Traduction: Mokeddem, Malika (1996): Die blauen Menschen, Zürich (Unionsverlag).

De Malika Mokeddem on pourrait aussi lire: *L'interdite, Le siècle des sauterelles, Des rêves et des assassins, La nuit de la lézarde.

Huis clos

Pièce de théâtre de Jean-Paul Sartre (1905 à Paris – 1980 à Paris), publiée à Paris chez Gallimard en 1947, *Folio.*

Un homme et deux femmes dans un salon style Second Empire. Garcin, publiciste et homme de lettres, Inès, employée des postes, Estelle, une mondaine, tous trois sont morts et se retrouvent en enfer. Le lieu est clos, il n'y a pas d'échappatoire. Ils sont réunis là pour l'éternité. Les circonstances de leur mort sont différentes, ils ne se connaissent pas. Chacun tente tout d'abord de faire diversion, de se montrer sous son jour le meilleur, de séduire l'autre. Puis chacun avoue sa faute cachée, Inès a tué son amie, Estelle son enfant illégitime, Garcin s'est conduit en lâche.

Sartre illustre ici la relation concrète à autrui: en présence d'un autre, je suis pensé, jugé par lui – inversement je pense, juge l'autre. On est donc à tour de rôle et à la fois sujet et objet. Ce qui fait dire à Garcin: l'enfer c'est les autres.

Extrait: *Ines: – Vous allez voir comme c'est bête. Bête, comme chou! Il n'y a pas de torture physique, n'est-ce pas? Et cependant, nous sommes en enfer. Et personne ne doit venir. Personne. Nous resterons jusqu'au bout seuls ensemble. C'est bien ça? En somme, il y a quelqu'un qui manque ici: c'est le bourreau.*

Garcin, à mi-voix: – Je le sais bien.

Inès: – Eh bien, ils ont réalisé une économie de personnel. Voilà tout. Ce sont les clients qui font le service eux-mêmes, comme dans les restaurants coopératifs.

Estelle: – Qu'est-ce que vous voulez dire?

Inès: – Le bourreau, c'est chacun de nous pour les deux autres.

Lecture à partager, lecture pour soi.

Traduction: Sartre, Jean-Paul (2002): Geschlossene Gesellschaft, Berlin (rororo).

Film: Huis clos de Jacqueline Audry, 1954.

De Jean-Paul Sartre on pourrait aussi lire: *Les jeux sont faits, *La P... respectueuse, Les mains sales, Morts sans sépulture, Les Mouches, Les Mots.

> *Je me souviens que dans Huis Clos il est question d'un «bronze de Barbédienne».*
> Je me souviens, Georges Perec

Ils partiront dans l'ivresse

Récit autobiographique de Lucie Aubrac (née en 1912 en France), publié à Paris au Seuil en 1984, *Points* (avec photos du film).

Lyon, mai 1943 à février 1944. Lucie Aubrac reconstitue, plus tard, les événements de cette époque tourmentée. Elle est enseignante d'histoire dans un lycée, son mari Raymond Salomon (d'origine juive) est ingénieur des Ponts et Chaussées. Ils ont un petit garçon, elle est enceinte d'un deuxième enfant. Tous deux participent très activement à la Résistance. Lorsqu'un agent de liaison est pris dans un contrôle, un certain nombre de noms et d'adresses tombent aux mains de la police française. Le réseau est décimé, une vingtaine de personnes arrêtées, dont Raymond Salomon et le chef de la Résistance lyonnaise, Jean Moulin. De la Gestapo et de l'Obersturmführer Klaus Barbie, il n'y a pas grand-chose à espérer.

Et pourtant, avec un courage et un toupet inouïs, Lucie Aubrac va tout mettre en œuvre pour libérer son mari. Avec détermination, elle affronte Barbie dans son bureau, se fait passer pour la fiancée enceinte de Claude Ermelin qu'elle doit absolument épouser afin de sauver son honneur. Après de nombreuses péripéties – le lecteur en a la chair de poule – Lucie parvient à son but.

Le livre est captivant, mais c'est aussi une source d'informations intéressantes sur le fonctionnement d'un réseau de la Résistance.

Extrait: *Cette occupation, cette Résistance, quand plus tard j'en parlerai à mes enfants, le souvenir le plus tenace sera cette impression d'avoir passé ma vie à attendre: la levée du couvre-feu le matin, les attributions de vivres selon les tickets validés, l'échange de cartes chaque mois, les permis de circuler, tout est attente. Sur le trottoir devant les magasins, aux arrêts des trams, sur les quais de gare, aux guichets des mairies. En plus, pour nous, dans notre vie clandestine, il y a d'autres attentes: l'agent de liaison, le copain venu de loin, l'arrivée des journaux clandestins, le démarrage d'une action, tout le tissu du quotidien avec ses dangers.*

Lecture à partager, lecture pour soi.

Traduction: Aubrac, Lucie (2000): Heldin aus Liebe, Eine Frau kämpft gegen die Gestapo, Berlin (dtv).

Film: Lucie Aubrac de Claude Berri, 1997.

De Lucie Aubrac on pourrait aussi lire: La résistance expliquée à mes petits-enfants.

Inconnues (Des)

Recueil de trois nouvelles de Patrick Modiano (né en 1945 à Paris), publié à Paris chez Gallimard en 1999, *Folio.*

Les nouvelles n'ont pas de titre et les narratrices n'ont pas de nom. Jeunes femmes vulnérables et fragiles, en proie à un malaise existentiel, elles sont en rupture avec leur vie et leur entourage. Il s'agit de bribes de vie ou de récits du passage à l'âge adulte.

La première narratrice a quitté sa famille à Lyon pour rejoindre, à Paris, une amie plus âgée, Mireille Maximoff, avec qui elle vit, en fraude, dans un appartement étrange dont les meubles ont été volés. Elle rencontre Guy Vincent, mais c'est un faux nom. Il disparaît bientôt, peut-être arrêté par la police. On n'en saura jamais plus.

La deuxième jeune femme vit dans la région d'Annecy. Abandonnée par sa mère, elle grandit dans un pensionnat religieux et chez sa tante. Or, un soir, la jeune fille ne rentre pas au pensionnat. Dorénavant, elle servira dans un café-salon de thé, promènera le chien de madame El-Koutoub et fera du baby-sitting d'un genre particulier ce qui mettra fin, de manière inattendue, à cette tranche de vie.

Seule à Paris, dans l'atelier d'une connaissance autrichienne, la troisième narratrice est angoissée par le vide et le silence qui l'entoure. Elle rencontre alors Michel Kérourédan. Il est à la recherche de la sagesse dont il étudie les zones d'ombre et de lumière. Il introduit la jeune femme dans ce milieu et l'invite à participer aux séances qui ont lieu chez Geneviève Peraud.

Les trois nouvelles se terminent de manière ouverte. Les trois jeunes femmes ont en commun la solitude, le désarroi, le besoin d'argent et l'absence de liens familiaux.

Extrait: *Je n'avais même plus le courage de rentrer chez moi, de retrouver mes parents et l'armoire à glace de ma chambre. J'ai descendu les escaliers vers la vieille ville comme si je prenais la fuite. De nouveau, je marchais sur le quai, au bord de la Saône. Je suis entrée dans un café. Je gardais toujours sur moi le bout de papier où Mireille Maximoff avait écrit l'adresse et le numéro de téléphone de ses amis à Paris.*

Lecture à partager, lecture pour soi.

Traduction: Modiano, Patrick (2002): Unbekannte Frauen, München (Hanser).

De Patrick Modiano on pourrait aussi lire: *Une jeunesse, *Un cirque passe, La place de l'étoile, La ronde de nuit, Dimanches d'août, Rue des boutiques obscures, Dora Bruder.

Interdite (L')

Roman de Malika Mokeddem (née en 1949 à Kénadsa en Algérie, vit en France), publié à Paris aux Editions Grasset & Fasquelle en 1993, *Le livre de poche.*

L'auteur dédie son livre au groupe Aïcha, *Ces amies algériennes qui refusent les interdits.* Sultana Medjahed incarne ce refus de plusieurs manières. Elle a rejeté le rôle traditionnel de la femme, elle est instruite, exerce un métier d'homme, mais elle brave aussi les interdits du passé en retournant à Aïn Nekhla, le village algérien où s'est déroulé le drame de son enfance.

Après 15 ans d'absence, Sultana Medjahed, devenue médecin à Montpellier, retourne voir son ami, Yacine, médecin au dispensaire du village. Or, à son arrivée, Yacine est mort et Sultana accepte de reprendre provisoirement la responsabilité du cabinet pour soulager la misère de la population. Cependant, l'atmosphère est lourde, l'obscurantisme et la haine règnent au village et une femme médecin n'est certes pas la bienvenue. De surcroît, une histoire d'amour naît entre Sultana et Vincent, un Français, ce qui entraîne la médisance et les menaces. Sultana rencontre Dalila, une fillette qui désire intensément apprendre à écrire pour communiquer avec sa sœur et empêcher le mariage que ses parents préparent pour elle. En Dalila, Sultana retrouve son propre désir d'apprendre pour échapper au destin de recluse qui échoit aux femmes.

Roman engagé, décrivant les méfaits du fanatisme et des préjugés.

Extrait: – *Le maire vient de passer par là, agité comme un frelon aux premières chaleurs. Il a chassé les hommes des salles d'attente: «Il ne faut pas l'attendre. Partez, partez! Nous ne voulons pas d'elle, ici! Elle n'est pas digne d'occuper ces fonctions!» Il ne s'est pas vu, lui qui traite les gens comme du bétail. Il n'aimait pas Yacine, non plus. Mais il n'a jamais eu le courage de venir se frotter à lui. Il menait son travail de sape sournoisement, le saligaud. La majorité des femmes, elles, cabrées par ses outrances, ont refusé de quitter les lieux. Je n'ai pas eu le temps de réagir qu'elles se sont dressées, lui barrant le couloir:*
– *On va t'écraser, pou de misère! a hurlé l'une.*

Lecture à partager, lecture pour soi.

De Malika Mokeddem on pourrait aussi lire: *Les hommes qui marchent, Le siècle des sauterelles, Des rêves et des assassins, La nuit de la lézarde.

Italienne (L')

Récit de vie de Sylviane Roche (née en 1949 à Paris, vit à Lausanne) et Marie-Rose De Donno (née en 1950 en Italie), publié à Orbe chez Bernard Campiche en 1998, *CamPoche.*

Marie-Rose De Donno a confié son histoire à Sylviane Roche qui l'a mise par écrit. C'est une vie mouvementée, marquée par d'incessants déménagements entre l'Italie et la Suisse. C'est l'histoire d'un exil permanent, mais aussi le récit d'une femme testée forte malgré les difficultés rencontrées. Son récit est exemplaire pour cette génération de familles italiennes venues travailler en Suisse après la deuxième guerre mondiale.

Marie-Rose grandit dans le sud de l'Italie dans un milieu défavorisé. Et lorsque sa mère part travailler en Suisse, elle la rejoint. Elles vivent dans des conditions très précaires, car on n'aime pas les Italiens en Suisse, à cette époque. Marie-Rose a quatorze ans quand elle rencontre celui qui deviendra son mari trois ans plus tard et contre la volonté de ses parents à lui. Leur mariage ne sera jamais heureux et leur vie commune sera jonchée de disputes et de ruptures jusqu'au jour où Marie-Rose va définitivement s'installer à Lausanne avec ses deux enfants, Sabina et Sandro. Elle ne sera cependant pas au bout de ses peines et, lorsque son fils Sandro meurt mystérieusement à vingt ans, elle est rongée par un nouveau chagrin.

Extrait: *C'était fait en vitesse, il n'y avait pour ainsi dire pas de fleurs sur l'autel, très peu de monde. Ce n'était pas un mariage fastueux, mais j'étais heureuse tout de même. Ça s'est fait, j'avais gagné au fond. C'était une victoire.*

Ma belle-mère voulait qu'on dorme dans son lit. J'ai au moins pu éviter ça. On est allés à Santa Cesaria Terme, à trente kilomètres de chez nous, au bord de la mer, dans un hôtel. On nous a accompagnés, mais on a dû revenir en auto-stop. C'était nul comme voyage de noces, non?

Lecture de vacances, lecture pour soi.

Traduction: Roche, Sylviane (2000): Die Italienerin, Zürich (Limmat).

De Sylviane Roche on pourrait aussi lire: *Le salon Pompadour, *Le temps des cerises, Les Passantes (nouvelles).

Je m'appelle Elisabeth

Roman d'Anne Wiazemsky (née en 1945 en France), publié à Paris chez Gallimard en 2004.

L'histoire se passe au début des années soixante dans la villa de la famille du directeur de l'hôpital psychiatrique départemental qui jouxte le mur d'enceinte de l'hôpital.

Betty, la fille du directeur, aimerait que, dorénavant, on l'appelle Elisabeth, suggérant ainsi qu'elle n'est plus simplement le numéro cinq de son père, seule fille restant à la maison après le départ de ses sœurs aînées. Elle cherche aussi à manifester son indépendance. Mais le chemin en est tortueux, car elle est tourmentée par deux garçons qui s'efforcent de lui faire peur en déposant des objets inquiétants (la tête d'un écureuil mort) sur le rebord de sa fenêtre. Betty trouve l'occasion de s'affirmer à l'insu de ses parents, lorsqu'un pensionnaire de l'hôpital, Yvon, s'enfuit et qu'elle le recueille et le cache dans la cabane où elle range son vélo. Pendant quatre jours, elle lui apporte couvertures et nourriture, calme ses angoisses en lui faisant cadeau de son ruban écossais jusqu'au moment où il quitte délibérément la cabane et que les gendarmes lui fassent réintégrer l'hôpital.

Elisabeth, la fille du docteur, restera de manière durable dans la mémoire d'Yvon. Après sa mort, Elisabeth recevra une lettre de sa sœur. Cette lettre est à l'origine de ce récit.

Tout ce qui se passe en l'adolescente est évoqué avec une grande sensibilité et beaucoup de subtilité.

Extrait: *Elle posa sa main sur son coude et tenta de l'attirer vers elle. Il tressaillit si violemment qu'un bref instant elle eut peur et retira sa main. Puis elle se souvint que sa mère et Rose se trouvaient dans la villa, qu'elles risquaient de sortir et de les surprendre. Il fallait agir vite. Elle lui désigna la cabane.*

– *Je vais te cacher là. C'est chez moi, personne n'y vient jamais.*

Quelque chose parut s'apaiser dans les traits de son visage, dans son corps.

– *La fille du docteur, dit l'homme lentement en séparant chaque syllabe les unes des autres.*

Lecture à partager, lecture pour soi.

D'Anne Wiazemsky on pourrait aussi lire: Mon beau navire, Une poignée de gens, Sept garçons.

Je m'en vais

Roman de Jean Echenoz (né en 1947 à Orange), publié à Paris aux éditions de Minuit en 1999, *Double*.

Félix Ferrer est un homme qui ne tient pas en place, il s'installe sommairement, rencontre une femme, ne s'attache pas, en rencontre une autre et parcourt la vie inexorablement en quête de quelque chose qu'il ne saurait définir lui-même.

Je m'en vais, dit-il un matin du mois de janvier à sa femme Suzanne. Pour rompre avec la monotonie de leurs matins toujours pareils et de leur vie commune qui dure depuis cinq ans déjà, il déménage dans sa galerie d'art. Mais l'art se vend mal, les affaires sont mauvaises, alors, suivant les conseils de son assistant Delahaye, il s'intéresse à l'art traditionnel des Inuits qui est en vogue. Delahaye organise le voyage, mais meurt subitement et Ferrer part seul dans le grand Nord pour récupérer les cargaisons d'antiquités, restées depuis des années à l'abandon sur un bateau, le Nechilik pris dans une banquise. Il les ramène sans encombre à Paris, où elles lui sont volées le lendemain de son retour. C'est alors que commence véritablement l'histoire. Elle va entraîner Ferrer jusque dans la région de Biarritz à la recherche de l'homme responsable de la disparition des objets d'art – et tout ceci ne sera pas sans surprise.

Extrait: *Lointainement reflété dans la vitre, ces épaules et ce dos firent se froncer les sourcils de Ferrer qui, son regard s'accommodant de plus en plus précisément sur eux, finit par se lever de son siège et se dirigea vers le bar d'une démarche prudente. S'arrêtant à deux mètres de Baumgartner, il parut hésiter un instant puis s'approcha de lui. Excusez-moi, dit-il en posant légèrement deux doigts sur l'épaule de cet homme, qui se retourna.*

Tiens, dit Ferrer. Delahaye. Je me disais bien, aussi.

Lecture à partager, lecture pour soi.

Traduction: Echenoz, Jean (2000): Ich gehe jetzt, Berlin (Berlin Verlag).

De Jean Echenoz on pourrait aussi lire: *Les grandes blondes, *Un an, L'équipée malaise.

Puis, passant le pont Charles à Prague ou les remparts de Guérande, on a l'illusion que ce qui vous reste d'un livre est plus vivant et net que le monde vrai.
Daewoo, François Bon

Je voudrais que quelqu'un m'attende quelque part

Recueil de nouvelles d'Anna Gavalda (née en 1970 en région parisienne), publié à Paris aux éditions du Dilettante en 1999, *J'ai lu.*

Douze nouvelles tendres, tristes ou grinçantes, racontées sur un rythme alerte, utilisant une langue orale et jeune. On y rencontre des filles, un peu paumées, la tête pleine de rêves et d'illusions, vite déçues par la réalité et qui doivent ravaler leur orgueil. L'une rencontre un homme séduisant et accepte son invitation au restaurant. La soirée et le rêve s'achèvent abruptement en raison de l'attention – discrète mais constante – que son compagnon voue à son portable (*Petites pratiques germanopratines).* Marguerite, de son côté, écrit des nouvelles et se voit déjà éditée par un éditeur rive gauche *(Epilogue).* Marianne, étudiante en droit à Melun, vit chichement, travaille chez Pramod et souffre amèrement de manque d'amour (*The Opel Touch*). Histoires de solitude ou d'absence de communication *(Cet homme et cette femme*), où on hurle en silence (*Permission*). Les mœurs sont rudes en Normandie, pas facile de se faire respecter quand on est femme et vétérinaire (*Catgut).* Humour amer, égratignant les milieux des nouveaux riches, pour raconter la sortie de ces deux fils à papa dans la Jaguar empruntée en douce (*Junior*). Et évidemment des histoires d'amour, heureuses ou ratées (*Ambre, Pendant des années, Clic-clac).*

Extrait: *Quand j'arrive à la gare de l'Est, j'espère toujours secrètement qu'il y aura quelqu'un pour m'attendre. C'est con. J'ai beau savoir que ma mère est encore au boulot à cette heure-là et que Marc n'est pas du genre à traverser la banlieue pour porter mon sac, j'ai toujours cet espoir débile.*

Là encore, ça n'a pas loupé, avant de descendre les escalators pour prendre le métro, j'ai jeté un dernier regard circulaire au cas où y'aurait quelqu'un... Et à chaque fois dans les escalators, mon sac me paraît encore plus lourd.

Je voudrais que quelqu'un m'attende quelque part... C'est quand même pas compliqué.

Lecture de vacances, lecture à partager.

Traduction: Gavalda Anna (2002): Ich wünsche mir, dass irgendwo jemand auf mich wartet, München (Hanser).

D'Anna Gavalda on pourrait aussi lire: Je l'aimais.

Jeune fille au balcon (La)

Recueil de nouvelles de Leïla Sebbar (née en 1940 en Algérie d'un père algérien et d'une mère française, vit en France), publié à Paris au Seuil en 1996.

Six nouvelles racontent des vies brisées par la guerre ou le clivage de la vie entre l'Algérie et la France. Dans ce quartier mal famé – dit Kaboul – les femmes sont réduites à l'espace de l'appartement, menacées si elles sortent sans *Hijeb*, le voile islamique. Mélissa, en retrait sur son balcon, observe ce qui se passe dans la rue et accueille les poèmes de Malek *(La jeune fille au balcon)*. En France, un homme recherche désespérément celui qui, en photographiant les femmes de son village pendant la guerre d'Algérie, a volé aussi leur âme *(La photo d'identité)*. Ils ont beau se retrouver dans un champ de maïs pour s'embrasser en cachette, quand la télévision capte leur image en filmant l'immeuble qui va être détruit, il n'y a plus d'intimité possible (*Couchés dans les maïs)*. Dina et Dora, jumelles, adulées par leur mère, en grandissant se développent bien différemment: Dora lit le Coran et porte le foulard, Dina en minijupe joue au flipper (*Vierge folle, vierge sage)*.

Ce sont des histoires de conflits d'identité où les affrontements entre la tradition et la modernité touchent aussi bien les parents que les enfants.

Extrait: *Les enfants insistent, la mère cède. C'est l'heure du journal. Dans le salon, la famille, les voisins, les cousins, ils sont tous là. La fille va arriver. Il fait nuit. Elle a dû passer à la bibliothèque, à côté du lycée, elle revient toujours de la bibliothèque, le soir, c'est ce qu'elle dit à sa mère si elle est en retard. Ce soir elle n'est pas encore là.*

On entend d'abord le bruit de l'explosion puis on voit des images, des images, des images, la mère ouvre les yeux. C'est la dernière: un plan fixe sur un garçon et une fille couchés dans le maïs. Le journal se poursuit.

Lecture de vacances, lecture à partager.

Traduction: Sebbar, Leïla (1997): Das verbotene Kleid, Berlin (Alt Berliner).

De Leïla Sebbar on pourrait aussi lire: *Soldats (nouvelles), Une enfance algérienne (Textes inédits recueillis par Leïla Sebbar), Une enfance d'ailleurs, 17 écrivains racontent, Je ne parle pas la langue de mon père.

Jeunesse (Une)

Roman de Patrick Modiano (né en 1945 à Paris), publié à Paris chez Gallimard en 1981, *Folio.*

Le roman débute dans une atmosphère paisible. Odile et Louis sont assis devant leur chalet en Savoie. Leurs deux enfants jouent un peu plus loin. Odile et Louis s'apprêtent à quitter le home d'enfants qu'ils ont dirigé pendant des années. Une tranche de vie se termine, l'avenir est devant eux. Songeur, Louis mord dans une bouchée de chocolat *rocher* qui lui rappelle l'époque lointaine où Odile lui en faisait cadeau.

A cette époque, Louis et Odile étaient jeunes, désargentés et sans occupation précise, lorsqu'ils rencontrent Roland de Béjardy, un personnage mystérieux, plutôt louche et plein d'argent qui engage Louis pour de menus travaux avant de lui proposer de transporter une grosse somme d'argent en Angleterre. Louis et Odile acceptent, passent l'été en Angleterre à suivre de vagues cours d'anglais avec d'autres jeunes dans un cadre détendu. Lorsque Béjardy les envoie à Genève, l'affaire prend alors une tournure différente, car les deux jeunes gens réalisent que personne ne pourra leur demander de rendre compte de cet argent.

Quinze ans se sont écoulés depuis ces événements. On comprend alors le lien entre le passé et le présent.

Extrait: – *Je me demande ce qu'on fait là, dit Louis.*

Depuis quelques instants, dans cette chambre, il éprouvait ce même sentiment de dépendance et d'étouffement qui avait été le sien au collège et à l'armée. Les jours se succèdent et on se demande ce que l'on fait là, et l'on a peine à croire que l'on ne restera pas toujours prisonnier.

– *On devrait partir, dit Odile.*

Partir. Mais oui. Béjardy n'avait aucune prise sur lui. Il n'avait pas de compte à lui rendre.

Lecture à partager, lecture pour soi.

Traduction: Modiano, Patrick (1985): Eine Jugend, Frankfurt (Suhrkamp).

De Patrick Modiano on pourrait aussi lire: *Un cirque passe, *Des Inconnues, La place de l'étoile, La ronde de nuit, Dimanches d'août, Rue des boutiques obscures, Dora Bruder.

Jeux sont faits (Les)

Scénario de film de Jean-Paul Sartre (1905 à Paris – 1980 à Paris), publié à Paris aux éditions Nagel en 1947, *Klett.*

Eve meurt dans son appartement somptueux. Au même moment, Pierre s'écroule sous un coup de revolver dans la rue. Ils se retrouvent dans le monde des morts où Eve apprend qu'elle a été empoisonnée par son mari, André Charlier, pour s'approprier son argent et épouser sa petite sœur, Lucette. Pierre, de son côté, découvre qu'il a été assassiné par Lucien, traître à la cause des conspirateurs dont Pierre est le chef et que la révolte planifiée pour le lendemain sera écrasée. Malgré leurs différences sociales, Eve et Pierre s'aiment. Au nom de cet amour, ils ont alors la possibilité de retourner dans le monde des vivants. Ils pourront y rester à condition de s'aimer en toute confiance pendant vingt-quatre heures au moins. Ils n'oublieront toutefois pas ce qu'ils ont appris dans le monde des morts.

Eve et Pierre croient en leur amour. Cependant, pour l'un comme pour l'autre, le devoir de sauver leurs proches devient prépondérant. Eve voudrait libérer la naïve Lucette des griffes du cupide André. Pierre se doit d'empêcher le déclenchement de la révolte pour sauver ses amis d'un carnage assuré.

Le drame aborde des problèmes cruciaux de l'existence humaine, l'opposition entre l'amour et le devoir, entre le privé et le social ou entre l'égoïsme et la solidarité.

Extrait: *Elle se serre désespérément contre lui.*
- *Tu reviendras?*
- *Avant dix heures et demie.*
- *Tu me le jures?*
- *Je te le jure.*

Déjà, il se dirige vers la porte, mais elle le retient encore.
- *Eh bien, va... murmure-t-elle. Va, Pierre. C'est la plus belle preuve d'amour que je puisse te donner...*

Il la serre dans ses bras et l'embrasse, mais on le sent distrait.

Lecture à partager, lecture pour soi.

Traduction: Sartre, Jean-Paul (1991): Das Spiel ist aus, Berlin (rororo).

Film: Les jeux sont faits de Jean Delannoy, 1947.

De Jean-Paul Sartre on pourrait aussi lire: *La P... respectueuse, *Huis clos, Les mains sales, Morts sans sépulture, Les Mouches, Les Mots.

Johnny Chien Méchant

Roman d'Emmanuel Dongala (né en 1941 à Alindao, République centrafricaine), publié à Paris au Serpent à Plumes en 2002.

Le récit se passe dans un pays africain ravagé par une guerre absurde que plus personne ne réussit à contrôler.

Le général Giap a proclamé un pillage général de quarante-huit heures. Laokolé, aussitôt, enterre ses biens les plus précieux au jardin, installe sa mère infirme depuis le dernier pillage dans la brouette et rejoint le cortège des fuyards qui tentent de quitter la ville livrée à la fureur déchaînée des enfants soldats. Laokolé a seize ans et désire instamment devenir ingénieur pour construire des maisons.

Johnny, seize ans aussi, vêtu d'un treillis et d'un tee-shirt incrusté de bris de verre scintillant dans le soleil, armé jusqu'aux dents, vole, viole et pille en compagnie d'autres adolescents déboussolés. Johnny fait partie de l'un de ces commandos incontrôlés qui terrorise les habitants de la ville. Il est persuadé qu'il sera bientôt intégré à l'armée officielle et nommé lieutenant-colonel.

Pour se donner l'illusion du pouvoir ou simplement pour se sentir exister, Johnny se donne des allures de méchant, se fait appeler *Johnny Chien Méchant* et tente, par ses actes, de correspondre à cette image.

L'histoire des deux adolescents est racontée de manière alternée, l'un, Johnny, s'adonnant à la folie totale de la violence, tandis que l'autre, Laokolé, tente de s'en préserver et de sauvegarder une part, même infime, d'humanité et de rêve.

L'histoire de Laokolé et de Johnny se tisse au fil de leur récit. Racontée à la première personne et de manière alternée par l'un et par l'autre, leur errance à travers la ville dévastée est poignante et l'on soupçonne que leur rencontre sera inévitable. Or, si l'auteur ne nous cache rien de la terreur répandue par Johnny et ses acolytes, l'espoir incarné par Laokolé est un fil ténu auquel se raccrocher.

Extrait: *J'ai trouvé une petite place sous une tente de plastique orange. Tout autour de moi, des enfants maigres aux jambes gonflées d'œdèmes et au ventre ballonné, les cheveux décolorés et le visage prématurément vieilli par la malnutrition et la faim. C'était dur pour moi de regarder ces enfants dont on avait volé l'enfance.*

Lecture pour soi.

D'Emmanuel Dongala on pourrait aussi lire: Jazz et vin de palme (nouvelles), Les petits garçons naissent aussi dans les étoiles.

Journal d'Hannah

Récit sous forme de journal de Louise L. Lambrichs (née en 1952 à Boulogne-Billancourt), publié à Paris aux Editions de la Différence, 1993, *L'Olivier petite bibliothèque.*

1943, en pleine guerre, Hannah, qui a déjà une petite fille, se retrouve enceinte. Robert, son mari, est souvent absent, il participe à la Résistance. La vie est difficile et trop dangereuse, dit Robert. Hanna avorte, mais ce bébé, qui ne naîtra jamais, hantera dorénavant les nuits de Hannah. Elle l'appelle Louise, la voit grandir dans ses rêves, mais jamais elle n'en parlera. Ce secret pèse lourd sur sa vie et entrave les rapports d'Hannah avec son mari et sa fille, Colette.

Hannah confie à son journal sa double vie, sa douleur, ses insomnies et ses rêves récurrents d'une grande maison entourée d'un jardin fleuri où se trouvent aussi ses parents et sa sœur. Les hantises nocturnes empiètent de plus en plus sur sa vie et Hannah réagit de manière véhémente et intempestive lorsque Colette lui fait cadeau d'un tableau qui met à nu ses rêves dissimulés.

Mais Hannah, d'origine juive, ne se pardonne pas d'être en vie, entourée de son mari et de sa fille, alors que ses parents et sa sœur sont morts en déportation. L'absence de sa famille, la folie de leur déportation empêchent Hannah de vivre et de retrouver un équilibre dans la vie de l'après-guerre.

Le journal d'Hannah est plein d'émotion ténue, de discrétion. Et le secret d'Hannah rebondit de manière inattendue dans les différents épisodes de sa vie.

Extrait: *Ces lieux n'ont pas d'autre vérité que l'histoire que je viens d'entendre, qui rencontre étrangement la mienne. Et le plus étrange n'est pas cette rencontre, n'est pas ce hasard qui m'a fait voir dans la réalité une maison dont j'avais rêvé, car des maisons de ce genre, il en existe des centaines. Le plus étrange à mes yeux est que cette histoire que je partage avec cette famille disparue comme avec tant d'autres que je ne connais pas, que cette histoire-là, la déportation et le meurtre d'un couple et de ses deux fillettes, puisse être considérée par nous, humains, comme une histoire banale.*

Lecture à partager, lecture pour soi.

Traduction: Lambrichs, Louise L. (1996): Hannahs Tagebuch, Frankfurt (Fischer Tb).

Journal du dehors

Textes d'Annie Ernaux (née en 1940 à Lillebonne) publiés à Paris chez Gallimard en 1993, *Folio.*

L'auteur habite Cergy-Pontoise, à quarante kilomètres de Paris. C'est une ville nouvelle qui n'existait pas il y a quelques années, un lieu sans mémoire. Annie Ernaux est tout d'abord décontenancée, puis séduite par ce lieu, où se croisent des vies commencées ailleurs, au Viêt-Nam, au Maghreb ou en province française, par exemple. Elle transcrit ici anecdotes, scènes vécues, bribes de conversation, graffitis, extraits de journaux, tous éléments qui l'environnent et auxquels elle a été sensible. A travers cela, elle tente d'atteindre la réalité d'une époque.

A la station du RER, il y a, par exemple, cet aveugle qui chante faux et crie «merci bien et bonne journée» à ceux qui font résonner d'une pièce sa timbale ou ce fils reprochant à sa mère sur un ton triomphant qu'elle devient sourde. Le centre commercial des Trois-Fontaines est un lieu de prédilection pour y glaner des impressions. Annie Ernaux y observe cette femme un peu perdue avec son caddie se désolant d'avoir perdu les autres membres de sa famille, cette caissière impassible devant l'erreur commise et la réprimande qui suit ou le jeune homme qui ramasse les caddies. Mais Annie Ernaux elle-même se laisse séduire par les offres alléchantes susurrées par le haut-parleur.

L'auteur constate, commente, s'implique aussi dans la réalité décrite dont elle fait partie et permet en retour une réflexion sur la nôtre.

Extrait: *Nous sommes devant le distributeur de billets du centre commercial, les uns derrière les autres. Un confessionnal sans rideaux. Un guichet s'ouvre, les mêmes gestes pour tous, attendre, la tête légèrement penchée, appuyer sur des touches, attendre, prendre de l'argent, le ranger, s'en aller en évitant de regarder les gens autour de soi.*

Sur l'écran s'affiche: «Votre carte est illisible.» Je reste interdite, sans comprendre, comme accusée d'un acte répréhensible que je ne connais pas. Je ne sais pas pourquoi ma carte de crédit, justement la mienne, est illisible. Je refais les opérations indiquées par l'ordinateur. A nouveau: «Votre carte est illisible.» Horreur du mot «illisible», C'est moi qui suis illisible, fautive. Je reprends ma carte et je m'en vais sans argent. Je comprends qu'on brise un distributeur de billets, en l'injuriant.

Lecture à partager, lecture pour soi.

D'Annie Ernaux on pourrait aussi lire: *La place, Les armoires vides, Ce qu'ils disent ou rien, Une femme.

Justes (Les)

Pièce de théâtre d'Albert Camus (1913 en Algérie – 1960 près de Villeblevin), publiée à Paris chez Gallimard en 1950, *Folio, Klett.*

Moscou 1905. L'action se passe dans un petit groupe du parti socialiste-révolutionnaire et se base sur des faits réels.

Le groupe prépare l'assassinat du grand-duc. Kaliayev est désigné pour lancer la première bombe. Mais Stepan, durci par des années d'exil et de bagne, se méfie de lui. Surnommé le «poète», Kaliayev semble trop insouciant, trop peu sérieux. Lorsque Kaliayev revient à l'appartement des conspirateurs sans avoir lancé la bombe, parce que le grand-duc était accompagné de sa femme et de ses petits-enfants, Stepan se voit confirmé dans ses soupçons. Les deux hommes s'opposent avec véhémence, Kaliayev refuse de tuer des innocents, Stepan revendique le devoir d'obéir aux ordres. Puis Kaliayev exécute sa mission contre le grand-duc et il est incarcéré. Skouratov, le chef de la police, lui promet la grâce contre le nom de ses amis et la grande duchesse tente de le convertir pour sauver son âme. Mais Kaliayev ne cède pas.

Le meurtre, l'injustice, la violence sont les thèmes de la pièce qui ont gardé toute leur actualité et se prêtent à une réflexion approfondie.

Extrait: *Kaliayev (criant). D'autres... Oui! Mais moi, j'aime ceux qui vivent aujourd'hui sur la même terre que moi, et c'est eux que je salue. C'est pour eux que je lutte et que je consens à mourir. Et pour une cité lointaine, dont je ne suis pas sûr, je n'irai pas frapper le visage de mes frères. Je n'irai pas ajouter à l'injustice vivante pour une justice morte. (Plus bas, mais fermement.) Frères, je veux vous parler franchement et vous dire au moins ceci que pourrait dire le plus simple de nos paysans: tuer des enfants est contraire à l'honneur. Et, si un jour, moi vivant, la révolution devait se séparer de l'honneur, je m'en détournerais. Si vous le désirez, j'irai tout à l'heure à la sortie du théâtre, mais je me jetterai sous les chevaux.*

Lecture à partager, lecture pour soi.

D'Albert Camus on pourrait aussi lire: *L'étranger, La peste, Le malentendu, Caligula, L'exil et le royaume.

Je me souviens que le personnage central de l'Etranger se nomme Antoine (?) Meursault: il a été souvent remarqué que l'on ne se souvient pas de son nom.
Je me souviens, Georges Perec

Les voilà quel bonheur

Recueil de nouvelles d'Annie Saumont (née en Normandie), publié à Paris chez Julliard en 1993, *Pocket.*

Quinze nouvelles, au rythme rapide, à la chute inattendue ou ouverte. Elles parlent de tendresse, de tensions, de problèmes quotidiens ou d'énigmes. *Il faut bien faire travailler le lecteur,* aime à dire Annie Saumont. Elle ne s'en prive pas.

Roberto, jeune rebelle caché derrière les buissons, a l'ordre de tirer sur tout ce qui bouge sur la plage. Lorsque la fille à la planche sort de l'eau, va-t-il tirer sur la fille, sur la mouette ou ne tirera-t-il pas du tout? (*La plage*). Dans *Central Park East* que s'est-il réellement passé, l'homme au jogging a-t-il assommé et violé le garçon, s'agit-il de l'imagination malsaine des promeneurs ou est-on en train de tourner un film? Quoi qu'il en soit, le Central Park n'est pas de tout repos, dans *Central Park West,* le narrateur y vit une navrante histoire d'amour. Histoire d'amour de vacances encore, racontée à travers douze photos de Grèce apparemment innocentes dans *Oh la mer est tellement bleue.* Histoire d'amour et de solitude dans *Chambres.* Mais aussi la hantise et les traces de la guerre dans *Sarah* ou dans *Les voilà.* Ou des jeunes en difficulté dans *Taggers taggez,* car s'adonner aux tags de nuit n'est pas sans danger. Enfin, que faire quand le mari vaque à quelque occupation inutile et inopportune, alors que la maîtresse de maison s'agace devant le repas à préparer et que les invités sonnent à la porte (*Les voilà quel bonheur)?*

Extrait: *Grille de jardin grince. Besoin d'huile. Trois cuillerées d'huile dans la salade. Vinaigre. Une pincée de sel. Porte ouverte porte refermée. Provisions sur table cuisine (Josette). Paella sortie du panier. Achetée chez fameux traiteur. Vont arriver, réchauffer vite. Et tarte aux fraises. Pas écrasée (Tarte. Josette). Bravo. Géniale (Josette). Une perle. Congé demain. Promis. Tic-tac. Plus qu'à se réjouir quel bonheur.*

Les voilà.

Lecture à partager, lecture pour soi.

D'Annie Saumont on pourrait lire d'autres recueils de nouvelles: *Noir, comme d'habitude, *Moi les enfants j'aime pas tellement, Je suis pas un camion, Après, Embrassons-nous, C'est rien, ça va passer, Le lait est un liquide blanc, Les blés, Un soir à la maison.

Loin d'eux

Roman de Laurent Mauvignier (né en 1967), publié à Paris aux éditions de Minuit en 1999, *Double.*

Luc, passionné de cinéma et avide d'une autre vie, passe ses journées dans sa chambre, essuyant les reproches muets ou criés de son entourage. Puis il part pour Paris. Il travaillera de nuit au bar du Chien Jaune, espère réaliser son rêve et voir enfin tous ces films dont les affiches tapissent sa chambre. La réalité est différente, la solitude le ronge, un poids l'ankylose jusque dans le cerveau. Des heures avant de reprendre le travail, l'appréhension lui plombe l'estomac. Mais il le cache à sa famille, n'en parle ni dans ses courtes lettres, ni lors de ses visites. Le fossé s'approfondit. Seule Céline soupçonne son désarroi. Et lorsque Luc meurt, seul à Paris, chacun s'interroge sur ce qui a provoqué sa mort.

On entend, dans le désordre, car le récit n'est pas chronologique, les voix de Luc, celles de Marthe et Jean, ses parents, celles de Geneviève et Gilbert, son oncle et sa tante ou celle de Céline, sa cousine.

C'est un livre sur le silence, la pudeur qui fait taire ce qu'on a au fond de soi. C'est aussi la barrière entre deux générations: la vie du père est vouée à l'usine, Luc aspire à autre chose. Le malentendu reste profond, la responsabilité est à chercher ailleurs.

Extrait: *C'est à cause de ça qu'il est parti. Pour ça qu'il avait raconté qu'il fallait partir, que de toute façon il n'aurait pas pu rester. Même s'il n'avait pas trouvé de travail là-bas il disait qu'il y serait allé quand même (sa façon en catimini de nous mépriser, gens d'ici). Et il rajoutait, rien qu'à se regarder on se bouffe la tête, c'est vrai, on n'a rien à s'arracher dans le blanc de l'œil que l'ennui qui le jaunit, qui transforme les perspectives en trompe-l'œil, collés sur la rétine.*

Lecture pour soi.

Traduction: Mauvignier, Laurent (2001): Fern von euch, Berlin (Eichborn).

De Laurent Mauvignier on pourrait aussi lire: Ceux d'à côté.

J'ai failli lui dire que pour moi, c'était plutôt le contraire, que la vie, j'en soupais tous les jours, et s'il y avait eu des livres qui auraient pu m'en consoler, je me serais jeté dedans.
Les âmes grises, Philippe Claudel

Madame Perfecta

Roman d'Antonine Maillet (née en 1929 au Nouveau-Brunswick), publié à Montréal chez Leméac et à Arles chez Actes Sud en 2002.

L'auteur – la narratrice – est écrivain à Montréal et engage Madame Perfecta pour s'occuper de sa maison. Madame Perfecta est espagnole. Elle a quitté son pays avec son mari pour trouver du travail et donner une formation à ses enfants.

Au fil des jeudis que Perfecta passe dans la maison de *mamozelle Tonine*, les deux femmes font connaissance et sont de plus en plus *en confiance*. Et Perfecta, par bribes, raconte son enfance pendant la guerre civile, son mari Diego enrôlé dans l'armée franquiste, alors que la famille est républicaine, la mort mystérieuse de sa mère, puis sa vie sous la dictature de Franco en Espagne. Elle raconte comment elle s'est mariée dans une robe blanche cousue dans le drapeau des gitans et la gifle mémorable de son père. Mais elle parle aussi du présent, de la vie isolée des immigrés dans la ville froide de Montréal.

Femme d'énergie, Perfecta emploie une langue pleine d'images et de poésie. Mais elle a aussi le sens du suspense et ce n'est qu'au bout de nombreuses années que sa patronne apprendra la mort tragique de sa mère.

Avec une grande sensibilité, l'auteur fait revivre Perfecta, femme de grand bon sens, qui a su prendre tant d'ascendant sur sa vie.

Extrait: *Je bégaie comme du temps que, du perron de la maison paternelle, on attendait mon retour de l'école par le crochet interdit du ruisseau du docteur.*

Elle se donne le temps de rentrer son souffle, replacer dans son chignon une mèche rebelle, refaire son visage qui, lui, a vu les heures passer, avant de me lancer sur un ton que je n'oublierais pas sur l'échafaud:

– Mamozelle Tonine, si vous étiez ma fille, je vous giflerais.

Toute ma vie je garderai ce cri du cœur de ma femme de ménage comme le plus authentique mot d'amour reçu depuis la mort de ma mère, partie avant même d'avoir eu le temps de me le dire.

Lecture à partager, lecture pour soi.

C'est ainsi que, très jeune, sans m'en apercevoir et tout à fait par hasard, j'attrape la maladie inguérissable de la lecture.
L'Analphabète, Agota Kristof

Mademoiselle Chambon

Roman d'Eric Holder (né en 1960 à Lille), publié à Paris chez Flammarion en 1996, *J'ai lu.*

Montmirail est un bourg de huit mille habitants comptant un grand nombre de chômeurs.

Antonio est maçon, Anne-Marie travaille à la manufacture, leur fils Kevin va à l'école. Ils sont heureux d'être à l'abri du besoin, heureux de leur paisible vie familiale, jusqu'au jour où Antonio accompagne Kevin à l'école et fait la connaissance de sa maîtresse, Véronique Chambon. Insensiblement et sans qu'Antonio lui-même ne comprenne ce qui se passe, l'équilibre ténu de leur bonheur familial va chavirer. Antonio devient irritable, impatient, s'emporte face à sa femme et à son fils. De son côté, Véronique Chambon soigne son apparence et demande à Antonio de changer les fenêtres de son appartement. L'un et l'autre sont pris au piège de sentiments qui les dépassent et bouleversent leur vie pourtant si bien réglée.

En une suite de très courts chapitres, l'amour entre Antonio et Véronique Chambon se révèle, se déploie, se cache et leur crée plus de souffrance que de bonheur. Antonio acquiert alors un regard tout neuf sur le monde et se découvre insatisfait de sa vie qu'il juge subitement monotone.

Mais derrière Antonio, son patron Van Hamme veille. Dur à la tâche, sûr de son bon droit et de sa supériorité, il apprécie pourtant le travail d'Antonio. Van Hamme œuvre dans un parti – jamais nommé – qui lui donne l'occasion *de faire le mal en secre*t, d'utiliser des méthodes illégales pour s'assurer la priorité des chantiers. Il tentera d'y entraîner Antonio.

Extrait: *Antonio était sincère. Il ne pensait plus à Véronique Chambon. Il lui restait seulement dans les yeux une sorte d'éclat, la réminiscence de n'avoir plus vu Montmirail de la même façon. Cela revêtait la forme d'un espoir, qu'il se chargerait de transmettre aux siens. Un jour, on bouge, Kevin. L'on est moins bête.*

Qu'est-ce qui se passe? demanda Anne-Marie. Il n'aurait su quoi répondre. J'ai une nouvelle meuleuse, dit-il.

Lecture à partager, lecture pour soi.

D'Eric Holder on pourrait aussi lire: *L'homme de chevet, Duo forte, Bienvenue parmi nous, Nouvelles du Nord et d'ailleurs (nouvelles), On dirait une actrice (nouvelles).

Magot de Momm (Le)

Roman d'Hélène Lenoir (née en 1955 à Neuilly-sur-Seine), publié à Paris aux éditions de Minuit en 2001.

Le récit s'étend du vendredi au dimanche. C'est l'été et, dans la maison de Momm, l'atmosphère est pesante. Momm a recueilli sa fille, Nann, avec ses trois filles. Momm règne sur la maison, se sacrifiant pour faire le ménage, la cuisine, le linge, le jardin et tenir tout en état, tandis que Nann travaille comme assistante commerciale. Nann a engagé, dit-elle à sa mère, un expert chargé de mettre de l'ordre dans ses affaires. Il passe le soir, Nann le reçoit dans sa chambre.

Ce vendredi soir, le climat semble particulièrement envenimé. Lili, seize ans, appelle pour dire qu'elle ne rentrera que le dimanche. Nann est d'humeur absente après le départ de l'expert, les jumelles détestent le gratin de courgettes que leur grand-mère a préparé et Momm se méfie aussi bien de l'homme qu'elle a engagé pour repeindre la clôture du jardin que des cancans du voisin Fisch.

Les cinq femmes vivent dans les non-dits et les malentendus s'accumulent. En réalité, Lili est partie avec son copain Dan sur son scooter sans intention de rentrer, l'expert est l'amant de Nann et Momm découvre qu'on lui a volé ses économies, pourtant si soigneusement réparties en plusieurs cachettes un peu partout dans la maison.

Roman douloureux sur l'absence de communication entre trois générations où tout est suggéré avec une grande économie de moyens.

Extrait: *Quand les jumelles juste après le départ de leur grand-mère pour l'épicerie, ont vu Lili se glisser derrière un tronc d'arbre plus bas dans la rue, attendre puis sauter à califourchon sur la selle du scooter derrière un type casqué de noir qui s'est à peine arrêté pour la prendre, elles ont convenu d'un signe de n'en parler à personne. De même quand elles ont reconnu moins de dix minutes plus tard l'expert prénommé Vincent sortant de la maison et se dirigeant vers sa voiture, l'air agité, sa mallette à la main, elles ont chuchoté en se regardant gravement: louche, mais motus!, elles ont entremêlé les doigts de leurs mains gauches puis serré ce poing siamois entre leurs fronts rapprochés, rituel silencieux d'une dizaine de secondes par lequel elles décuplaient leurs forces.*

Lecture à partager, lecture pour soi.

Traduction: Lenoir, Hélène (2004): Unter meinem Dach, Stuttgart (Klett-Cotta).

D'Hélène Lenoir on pourrait aussi lire: Son nom d'avant.

Mal famées (Les)

Roman d'Anne-Marie Garat (née en 1946 à Bordeaux), publié à Paris chez Julliard en 2000, *Babel.*

Novembre 1942. Lise, la narratrice, et Marie sont employées de maison dans la famille Johnston, gros négociant en poivre, vanille et autres épices. Elles louent une petite maison d'angle dans un quartier dévasté par les bombardements. L'installation n'est pas facile, la maison n'a pas de chauffage, elle est dans un état déplorable. Lise, dix-huit ans, fort en souci de son fiancé, Didier, caché dans le maquis, pleure à tout moment. Marie, la cinquantaine, alerte et débrouille, a adopté Lise dans son cœur et prend les choses en main.

Le roman est construit de manière habile, ne dévoilant tout d'abord que l'emménagement des deux femmes dans leur petite maison délabrée. On apprend, au fil des pages, le passé douloureux de Marie Chassagne, comment elle est devenue une cuisinière cordon-bleu et pourquoi elle prend Lise sous sa protection dans un monde en guerre où ne survivent que les plus malins. Il faut beaucoup de courage et d'endurance à Marie et Lise pour affronter le froid, la faim, toutes les difficultés de la vie quotidienne et savoir se débrouiller dans ce monde rapace. Heureusement, elles rencontrent aussi des gens du même bord qui les aident à faire face.

Roman plein de sensibilité et d'ingénuité. Le récit de Lise, la narratrice, n'est pas dénué d'humour.

Extrait: *A part coudre des culottes ou des gilets, je ne sais rien faire. Marie a bien vu, tout de suite, combien je suis démontée devant la vie, elle m'a dit: ma fille, tu as l'air d'une patate, accoutrée comme ça. Relève le menton, tiens-toi droite, aie l'air de quelque chose, sinon il va t'arriver des histoires. Tu vas te faire esquinter, les bonnes gens ne sont pas légion. Méfie-toi des charitables, ils voient vite à qui ils ont affaire, et pour profiter de toi, ils ne seront pas les derniers. Ce ton d'autorité m'a requinquée, et elle aussi, du coup, elle a relevé son menton, elle avait quelqu'un de qui s'occuper.*

Lecture à partager, lecture pour soi.

D'Anne-Marie Garat on pourrait aussi lire: Chambre noire, Eden, Photos de famille, Istvan arrive par le train du soir.

Le garçon n'avait jamais entendu parler de l'écriture. Comment ces caractères inertes pouvaient-ils contenir tant d'histoires, d'intrigues, de combats et de beautés?
Les hommes qui marchent, Malika Mokeddem

Malédiction (La)

Roman de Rachid Mimouni (1945 en Algérie – 1995 à Paris), publié à Paris aux éditions Stock en 1993, *Pocket.*

Alger en 1991. La situation est agitée, instable, les musulmans intégristes manifestent leur présence sans discrétion. Kader, jeune médecin, travaille dans des conditions difficiles. A l'hôpital, rien ne fonctionne, les compétences et les médicaments manquent. En plus, les intégristes s'immiscent dans son travail et l'empêchent de soigner les femmes de son service de gynécologie, car un homme n'a pas le droit de toucher une femme. Pour protéger ses patientes, femmes violées, abandonnées et mères célibataires, Kader subtilise leurs dossiers.

Hocine, le frère de Kader, fait partie des intégristes et s'oppose profondément à lui.

Pour discuter en toute liberté, Kader et ses amis se retrouvent dans la remorque de Saïd, le camionneur. Petit monde hétéroclite, où se mêlent les destins, les générations et les histoires. Saïd vit de trafics et loge dans une cave avec Salima, la prostituée. Si Morice, ancien propriétaire terrien, a fait cadeau à l'état des terres et immeubles hérités de ses parents. Ou Nacer, chef électricien et tuberculeux. Il ne se soigne pas, fume et participe à toutes les révoltes.

Le roman parle de la montée de l'intégrisme en Algérie, de la barbarie, de la violence et de l'intolérance dans les années quatre-vingt-dix. Il cherche aussi à donner des explications à cette situation dramatique.

Extrait: *Kader se retrouva, les bras ballants, en train d'errer le long des couloirs, ne pouvant accéder ni à son bureau ni à ses malades. Il s'interrogeait sur cette malédiction qui s'acharnait sur le pays pour permettre à El Msili de commander Meziane. Il était convaincu que les racines de ce mal plongeaient dans un lointain passé et que les ordonnateurs de l'élimination de son père étaient à l'origine des vents ravageurs qui soufflaient sur le pays.*

Lecture à partager, lecture pour soi.

Traduction: Mimouni, Rachid (1996): Der Fluch, Frankfurt (Fischer Tb).

De Rachid Mimouni on pourrait aussi lire: La colline oubliée, Le fleuve détourné.

Manèges de la vie (Les)

Recueil de nouvelles d'Andrée Chedid (née en 1920 au Caire, vit à Paris), publié chez Flammarion en 1988, *Castor poche senior.*

Le titre du recueil inverse celui de la première nouvelle (*L'enfant des manèges),* tout en exprimant quelque chose que l'on retrouve dans toutes les nouvelles. Les manèges de ces nouvelles tournent dans de nombreux endroits, que ce soit en France, au Liban, en Egypte ou ailleurs. Histoires d'amour, d'amitié ou de guerre, les nouvelles sondent les relations entre les êtres et parcourent tous les milieux sociaux. L'amitié entre un enfant meurtri par la guerre et un adulte taciturne (*L'enfant des manèges),* mais aussi l'amitié respectueuse du majordome Harley pour son jeune patron Raphaël qui n'en a cure (*L'après-midi du majordome).* C'est aussi une mère qui visite l'Egypte par snobisme avec Tony, son fils adolescent. Il lui échappe pour se lier d'amitié avec Saïd, garçon pauvre qui voudrait tant étudier (*L'enfant au réverbère*). Ou le secret unissant la fillette si peu douée pour le piano avec Soliman, le jeune serviteur, qui joue à sa place, endormant la méfiance de miss Boone. Ils se retrouveront des années plus tard, Soliman étant devenu pianiste de bar (*Solfège aux œufs*).

Gaies ou tristes, toutes les nouvelles nous engagent à réfléchir aux liens que nous tissons autour de nous.

Extrait: – *Et toi, qu'es-tu devenue?*
– *J'écris.*
– *Tu écris? Mais quoi, par exemple?*
– *Par exemple: ce qui nous arrive ce soir, en remontant les fils du passé.*
– *Tu crois que ça a de l'intérêt?*
– *Tout a de l'intérêt. Ça dépend comment c'est tourné.*
– *Tu as donc appris à «tourner» les histoires?*
– *J'essaie. Par moment, ça prend; à d'autres, pas du tout!*

Lecture de vacances, lecture à partager.

D'Andrée Chedid on pourrait aussi lire: *L'enfant multiple, *L'autre, Le sixième jour, La maison sans racines (nouvelles), Derrière les visages (nouvelles), La femme en rouge et autres nouvelles.

> *Il faut lire, il faut lire...*
> *Et si, au lieu d'exiger la lecture le professeur décidait soudain de partager son propre bonheur de lire?*
> *Le bonheur de lire? Qu'est-ce c'est que ça, le bonheur de lire?*
> Comme un roman, Daniel Pennac

Marius et Jeannette, un conte de l'Estaque

Scénario de film de Jean-Louis Milesi et Robert Guédiguian, publié à Paris aux éditions Hachette en 1997.

L'Estaque, un quartier ouvrier de Marseille. Marius vit dans l'usine désaffectée dont il est le gardien, Jeannette, caissière au chômage, élève seule ses deux enfants, Magali et Malek. Lorsque Jeannette tente de subtiliser deux bidons de peinture dans l'enceinte de l'usine, Marius l'en empêche, puis lui en fait cadeau et l'aide à retaper son appartement. Tous deux, rendus vulnérables par une vie malheureuse, ne se rapprochent l'un de l'autre qu'avec hésitation et grâce à l'intervention des voisins complices.

Les voisins de Jeannette: Caroline, ancienne déportée et communiste, et Justin, instituteur à la retraite ou Monique, Dédé et leurs trois enfants, tous en proie à un quotidien difficile, qu'ils maîtrisent grâce à beaucoup de bagou, de bonne humeur et un humour parfois grinçant.

Le scénario – et le film – raconte dans une langue simple et truculente la vie de gens simples qui, malgré les tribulations de la vie, gardent courage. Et, pour une fois, l'histoire finit bien.

Extrait: *Dans la cuisine, elle se fait accueillir par sa fille:*

Magali: T'as vu l'heure qu'il est?

Jeannette: Quoi?

Magali: Où t'étais? Malek est parti en retard pour l'école. Heureusement que je me suis réveillée.

Jeannette: Mais quelle heure il est?

Magali: Neuf heures moins dix.

Jeannette: Mais tu vas pas au cours, ce matin?

Magali: Je t'attendais.

Jeannette: Et pourquoi?

Magali: T'es pas rentrée de toute la nuit, maman! T'aurais pu nous prévenir, non, c'est la moindre des choses.

Lecture de vacances, film à partager.

Film: Marius et Jeannette, un conte de l'Estaque de Robert Guédiguian et Jean-Louis Milesi, 1997.

> *Mais à douze ou treize ans, je ne rangeais pas encore les livres, je les sortais l'un après l'autre des rayons, je regardais le titre et le nom de l'auteur, je lisais la quatrième de couverture et aussi, souvent, la dernière page. J'aimais savoir si le héros était encore vivant à la fin. S'il mourait, je n'achetais pas le bouquin.*
> Légendes, Martin Winckler

Martha ou le mensonge du mouvement

Roman de Claude Pujade-Renaud (née en 1932 en Tunisie, vit à Paris), publié aux éditions Manya en 1992, *Babel.*

Avant de devenir écrivain, Claude Pujade-Renaud était danseuse et chorégraphe. Elle a travaillé, aux Etats-Unis dans les années soixante, avec Martha Graham, l'initiatrice de la *modern dance* dont elle relate ici le parcours avec une grande sensibilité.

A quatre-vingt-dix-sept ans, Martha Graham se remémore sa vie de danseuse, de chorégraphe et d'enseignante. Elle se rappelle la technique qu'elle a innovée, *expirez-inspirez, contract-release.* Toute sa danse est construite sur ce couple de forces. Parmi ses grandes compositions, *Deaths and Entrances* en 1943, évocation des trois sœurs Brontë, Charlotte, Emily, Anne ou, plus tard, la violence des femmes grecques Clytemnestre, Electre ou Médée. Mais aussi son école, les professeurs ou les hommes qui ont marqué son parcours, l'institut Denishawn avec Miss Ruth et Ted Shawn, plus tard le musicien Louis Horst, Erick Hawkins ou d'autres encore.

Le parcours de Martha Graham est exceptionnel. Sa force, sa vitalité sont, au-delà de la danse, une leçon de vie.

Extrait: *L'ahurissement de mes danseurs le jour où je leur ai assené: vous restez trop humains, vous distillez l'ennui! Je vous veux tel le lion de la Metro Goldwyn Mayer. Ou tel un cheval piaffant. Ou un félin en chasse, ou un reptile! Qu'attendez-vous pour dérober aux éléphants leur démarche ancestrale et débonnaire? Parfois, j'ai demandé à un membre de la compagnie de venir aux répétitions avec son chien: durant plusieurs années j'ai eu un faible pour le basset griffon de John Butler, je donnais en exemple son obstination à s'étirer alors qu'il était déjà tout en longueur.*

Lecture pour soi.

De Claude Pujade-Renaud on pourrait aussi lire: *Belle Mère, Vous êtes toute seule? (nouvelles), Un si joli petit livre (nouvelles).

Le soir, je dînais avec Philomène et en guise de dessert nous dégustions des livres. C'est moi qui lisais, sa vue étant désormais trop affaiblie.
Chanson des mal-aimants, Sylvie Germain

Matthias Berg

Récit d'Yvette Z'Graggen (née en 1920 à Genève), publié à Vevey aux éditions de l'Aire en 1999, *L'Aire bleue*.

Le récit débute le 7 juin 1994 dans un parc à Berlin. Marie, vingt-quatre ans, suit pas à pas un vieux monsieur qui marche avec peine en s'appuyant sur une canne. C'est son grand-père, Matthias Berg, dont elle désire faire la connaissance tout en appréhendant cette rencontre.

Bien des années auparavant, Eva, la mère de Marie, a fui l'Allemagne, son père et l'atmosphère étouffante où se mêlaient la mauvaise conscience et la culpabilité des années d'après-guerre. Eva ne supportait plus le silence entre elle et son père depuis le suicide de sa mère Beate. Eva, un peu par hasard, a échoué à Genève où elle a été recueillie par Bertrand qu'elle a épousé.

A travers l'histoire de Beate, d'Eva et de Lena, la vieille bonne de Matthias Berg, Marie renoue avec la douleur et la tourmente des femmes et des hommes qui ont vécu la guerre, l'ont subie et en ont été les victimes.

Le récit est composé de narrateurs alternés à la première ou à la troisième personne, le passé et le présent se chevauchent, et exige toute l'attention de son lecteur.

Extrait: *Marie ouvre son sac et s'assure de la présence de l'enveloppe avec les lettres et la photo, tout ce qui lui reste de ses grands-parents, de leur drame qui se confond avec celui de l'Europe. Et elle s'avise soudain que Matthias n'avait conservé durant toute sa vie que ces reliques de l'époque d'avant, celle où l'on espérait que la paix pourrait être sauvée, celle où l'avenir semblait encore promis aux êtres qui s'aimaient.*

Lecture de vacances, lecture à partager, lecture pour soi.

Traduction: Z'Graggen, Yvette (2004): Matthias Berg, Basel (Lenos Pocket).

D'Yvette Z'Graggen on pourrait aussi lire: Les années silencieuses, Un temps de colère et d'amour, La Punta, Ciel d'Allemagne, Le filet de l'oiseleur.

Mémoires d'immigrés, l'héritage maghrébin

Récit de Yamina Benguigui (née en Algérie), publié à Paris chez Canal + Editions en 1997, *Pocket*.

Le livre comporte trois parties: *Les pères, Les mères, Les enfants.*

Les pères: Au lendemain de la deuxième guerre mondiale, pour reconstruire le pays et relancer l'économie en France, le patronat français encourage les Algériens à venir travailler en France. Dans la première partie, les hommes racontent leur arrivée en France, leur travail, leur exil et leur solitude.

Les mères: En 1974, le président de la République officialise le regroupement familial qui devrait atténuer la solitude des travailleurs immigrés maghrébins. Les femmes, souvent illettrées et ne parlant pas français, arrivent en France avec leurs enfants. Ce sont elles qui J'expriment dans la deuxième partie.

Les enfants: Arrivés avec leurs parents en bas âge ou nés en France, ils vivent dans la contradiction. De nationalité française selon leur passeport, ils ne sont, dans les faits, pas reconnus comme Français à part entière. Le récit de leur parcours forme la troisième partie.

Yamina Benguigui, elle-même d'origine algérienne, interroge ici la mémoire de l'immigration maghrébine et cherche des explications au malaise des jeunes Nord-Africains, filles et garçons, actuellement en France.

Extrait: – *Un jour, reprend Naima en élevant un peu la voix pour couvrir des bruits de vaisselle venant de la cuisine, j'étais assise dans le métro et je dévisageais tous ces gens qui me regardaient sans me voir. Ensuite, j'ai marché dans la rue au hasard et j'ai continué d'observer les gens que je croisais. Tout d'un coup, j'ai tout compris. Il fallait que je montre à tous ces gens que j'étais musulmane. Ils n'avaient aucun moyen de le savoir, si je ne le montrais pas. Et voilà pourquoi, dès le lendemain, j'ai mis le* hidjeb.

Lecture à partager, lecture pour soi.

Film: Mémoires d'immigrés de Yamina Benguigui, 1997.

Parmi ces premiers livres de poche, quelques titres ont gardé pour moi leurs parfums: La Rue du Chat-qui-Pêche, La Rose de Bratislava, Marion des neiges.
Un pedigree, Patrick Modiano

Moi les enfants j'aime pas tellement

Recueil de nouvelles d'Annie Saumont (née en Normandie), publié à Paris chez Syros-Alternative en 1990, *Pocket*.

Qu'on les aime ou qu'on ne les aime pas, ils sont présents dans les onze nouvelles du recueil. Agaçant les adultes qui ont d'autres soucis et ne peuvent s'occuper d'eux. Car que faire d'un enfant quand on est une jeune mère seule et qu'on aimerait sortir et s'amuser un peu (*Lis et tais-toi*)? Ou que l'on doit faire des ménages le soir flanquée de jumeaux qui ne tiennent pas en place (*Y a des jours)*? La jeune shampouineuse par contre aimerait bien en avoir un à elle. Mais le rêve est lointain, la réalité fort différente (*Shampooing traitant).*

Les gosses sont parfois cruels entre eux. Une fois par semaine, le grand gifle le petit qui s'y prête sans renâcler (*La gifle du mardi*). Et pourtant, ils savent aussi être sensibles. Lorsque les gosses jouent au foot contre les habitants de la maison de retraite, ils laissent gagner leur adversaire. Ils ont bien le temps de gagner, disent-ils (*Partie perdue*). Et que deviennent les problèmes d'adultes dans le regard des enfants, quand la mère est malade (*René, lui*) ou que la mère vit des amours compliquées (*Marie).*

Il y a beaucoup de tendresse et de sensibilité, un peu d'humour parfois aussi. La vie n'est pas facile à vivre quand on est enfant.

Extrait: *Et puis, T'aimerais pas un jour vivre là-dedans? Avec un homme et des gosses. En famille, quoi. Il a dit.*

J'ai ri. Ça devenait comme un conte de fées. Et les achélèmes étaient comme un palais. Déjà, je m'imaginais dans la salle d'eau carrelée – lavabo sur pied, robinets qui fuient pas – faisant un shampooing à mes mômes.

Moi les enfants j'aime.
Un shampooing-douceur. Aux extraits naturels d'herbes.
Le naturel, y a rien de mieux.
Des mômes blonds comme les blés.
Comme lui.

Lecture à partager, lecture pour soi.

D'Annie Saumont on pourrait lire d'autres recueils de nouvelles: *Noir, comme d'habitude, *Les voilà quel bonheur, Je suis pas un camion, Après, Embrassons-nous, C'est rien, ça va passer, Le lait est un liquide blanc, Les blés, Un soir à la maison.

Moi, Tituba sorcière... Noire de Salem

Roman de Maryse Condé (née en 1937 en Guadeloupe), publié à Paris au Mercure de France en 1986, *Folio*.

L'histoire se passe au 18e siècle. Tituba, la narratrice, est la fille d'Abena, violée par un marin anglais sur le négrier menant sa cargaison d'esclaves à la Barbade.

Après la mort de sa mère, Tituba est recueillie par Man Yaya qui lui apprend à connaître les plantes et à écouter le vent, la mer, les montagnes et à converser avec les morts. Lorsque Tituba tombe amoureuse de l'irrésistible John l'Indien, sa vie prend un tournant décisif. John lui apprend que ce qui compte dans l'esclavage, c'est de survivre, donc d'obéir, de se taire et de réciter les prières des maîtres. Tituba le fait par amour pour lui. Mais dans l'ombre, Man Yaya et sa mère gémissent et l'incitent à la prudence.

John l'Indien et Tituba sont vendus à Samuel Parris, un pasteur austère et pieux qui les emmène, tous deux, à Salem. Et quand Tituba est accusée de sorcellerie, John la trahit et l'abandonne lâchement.

Bien des années plus tard, après d'autres péripéties, Tituba rentre à la Barbade où elle constate que le sort des esclaves est toujours aussi misérable.

Le roman illustre la situation des esclaves dans les Caraïbes et aux Etats-Unis. Il met particulièrement en relief le sort désastreux réservé aux femmes noires et relate, avec une légère touche d'humour et de poésie, le monde des croyances irrationnelles.

Extrait: *Qu'est-ce qu'une sorcière?*

Je m'apercevais que dans sa bouche, le mot était entaché d'opprobre. Comment cela? Comment? La faculté de communiquer avec les invisibles, de garder un lien constant avec les disparus, de soigner, de guérir n'est-elle pas une grâce supérieure de nature à inspirer respect, admiration et gratitude? En conséquence, la sorcière si on veut nommer ainsi celle qui possède cette grâce, ne devrait-elle pas être choyée et révérée au lieu d'être crainte?

Lecture à partager, lecture pour soi.

Traduction: Condé, Maryse (1988): Ich, Tituba, die schwarze Hexe von Salem, München (Droemer Knaur).

De Maryse Condé on pourrait aussi lire: *Traversée de la mangrove, *La vie scélérate, La colonie du nouveau monde, Desirada, Célanire cou-coupé.

Monsieur Papa

Roman de Patrick Cauvin (né en 1932 à Marseille), publié à Paris chez Jean-Claude Lattès en 1976, *Le livre de poche*.

Laurent Lanier, dix ans, vit seul avec son père, Frank, depuis le départ de sa mère, Sylviane. Frank et Laurent s'entendent très bien – ils font des matches de boxe la nuit – quoique chacun ait ses préoccupations propres. Frank a une nouvelle amie, Jeannine, et veut partir seul avec elle en vacances à Bangkok, tandis que Laurent devrait passer ses vacances avec sa mère, ce qui lui déplaît royalement. Laurent élabore donc un plan pour commettre un véritable hold-up, afin d'avoir suffisamment d'argent pour accompagner son père et Jeannine à Bangkok.

Le coup réussit, ce qui n'arrange pas les problèmes de Laurent et de Frank.

Le roman pose avec humour le problème de l'éducation des enfants par un parent seul, celui de l'influence de la télévision et des enfants qui volent.

Extrait: – *Ça fait un mois que je t'en parle de ce hold-up, tu ne m'écoutes jamais....*

Il se lève, fait trois fois le va-et-vient à toute vitesse et me fixe, j'ai l'impression qu'il ne me croit pas encore complètement. Il est long à réaliser.

– *Alors, tu as mis de fausses lunettes, ta casquette, tes timbres et tu as fait tout ça? Toi!*

– *Ben oui.*

Ses mains claquent sur ses cuisses.

– *Ben oui! Il dit ben oui! Quoi de plus simple en effet, excuse-moi de t'avoir posé la question.*

Et tout d'un coup, c'est comme dans les films de corsaire lorsqu'on voit un type qui jette une torche allumée dans la soute où il y a dix mille barils de poudre: il explose.

Lecture de vacances.

De Patrick Cauvin on pourrait aussi lire: E = MC2, MON AMOUR, C'était le Pérou, Huit jours en été.

Musher (Le)

Roman de José Giovanni (1923 en Corse – 2004 en Suisse), publié à Paris chez Gallimard en 1978, *Folio*.

Roman d'aventure captivant qui se passe en Alaska. Dan Murphy est un homme révolté. Il s'oppose à la société qui décime les ours, creuse des puits de pétrole et détruit l'équilibre de la vie des Esquimaux. Il aime la nature et la défend parfois maladroitement. Il a tué un homme pour sauver les ours. A sa sortie de prison et dans le but de se réhabiliter, il décide de participer à la grande course de traîneaux tirés par des chiens, l'Iditarod, qui a lieu chaque année en mars. Il faut une vingtaine de jours aux mushers pour parcourir les 1880 km d'Anchorage à Nome et affronter des situations parfois difficiles.

Dan, soutenu par ses amis Bob et Eléonore, se prépare durant l'hiver dans des conditions plutôt défavorables. Il a peu d'argent, la population lui est hostile et son concurrent principal est Greg, sous-directeur de la Petroleum Company, l'homme qui lui a pris Virginia, la femme qu'il aime. Cependant le trois mars, Dan est sur la ligne de départ. Il va nous tenir en haleine, car malgré les violentes tempêtes, la nourriture manquante, les chiens malades, les mauvais tours que lui jouent ses concurrents, on se demande s'il réussira à se trouver sur la piste d'arrivée.

Extrait: *Il avança seulement son traîneau à dix mètres de l'autre. Il enfonça son poignard dans la glace jusqu'à la garde et y attacha son traîneau. Il aurait peut-être abandonné un autre musher, mais pas Greg. Il ne savait pas s'il descendait pour lui donner une leçon de «savoir vivre». Il descendait peut-être pour faire ce qu'aucun homme n'aurait fait à sa place. Sauver Greg le butor, qui lui avait pris sa femme et qui avait bavé sur lui tant et plus.*

Dan descendait-il par orgueil? Par peur qu'on l'accuse d'avoir tué son ennemi? Dan ne répondait jamais à aucune de ces questions.

Il descendait dans un crissement des crampons qu'il arrachait à la glace et replantait d'un mouvement précis. Les genoux pliés, en appui sur les cuisses, le torse perpendiculaire à la pente.

Lecture pour soi.

De José Giovanni on pourrait aussi lire: Classe tous risques, Le trou, Les grandes gueules, Le deuxième souffle, Les aventuriers.

Née en France, histoire d'une jeune Beur

Récit d'Aïcha Benaïssa et Sophie Pochelet publié à Paris aux éditions du Seuil en 1982, *Points*.

Une fille, on l'élève pour la maison des autres, dit un proverbe kabyle.

Aïcha est née en France dans une famille algérienne. Son père travaille dans une usine de matériaux, sa mère s'occupe du ménage et des enfants. Les parents d'Aïcha sont très stricts, élèvent leurs enfants dans la tradition algérienne, interdisent à Aïcha de sortir ou d'avoir des copains. Aïcha vit douloureusement entre deux cultures et s'enferre dans le mensonge. A plusieurs reprises, elle tente de se sauver mais en vain. Lorsqu'elle tombe amoureuse d'Antonio, elle fuit définitivement sa famille, puis renoue contact avec elle, car elle supporte mal d'en être éloignée. Son père l'invite alors à assister à un mariage en Algérie. Elle accepte, ne se doutant de rien. Là-bas, sa grand-mère subtilise son passeport, l'empêche de retourner en France et la séquestre chez son oncle.

Aïcha fait ici le récit de sa lutte, menée contre sa famille, pour devenir elle-même et trouver le chemin de l'indépendance.

Extrait: *Ils avaient essayé d'adopter une éducation «mixte», en adaptant ici, en France, le modèle qu'ils avaient reçu en Algérie. Mais trop de règles sont difficiles à transposer, quand elles ne sont pas totalement contradictoires. Par exemple, rien n'est prévu en France pour la période du ramadan: il faut continuer à aller à l'école et à travailler comme d'habitude. Alors qu'en Algérie, les gens vivent plus ou moins au ralenti pendant cette période. Autre paradoxe: en Algérie, toute l'éducation de la jeune fille est conditionnée par cette virginité qu'il faut à tout prix préserver. Alors qu'en France, même la télévision diffuse des publicités pour les préservatifs en recommandant aux jeunes de les utiliser.*

Lecture de vacances.

Je me suis débarrassée récemment des trois quarts de mes livres. C'était dur et doux de voir ma bibliothèque sur un simple mur. J'ai contemplé mes étagères pleines de fantômes et je me suis dit qu'elles ressemblaient davantage à ma vie. Il y a des fantômes dans ma vie. Pourquoi n'y en aurait-il pas sur mes étagères?
Interview avec Thiphaine Samoyault, Magazine littéraire n°433

Noir, comme d'habitude

Recueil de nouvelles d'Annie Saumont (née en Normandie), publié à Paris chez Julliard en 2000, *Pocket*.

Dix-huit nouvelles, des bribes de vie. En peu de mots un univers est créé. En peu de mots une sensibilité est esquissée.

On y rencontre un jeune homme désœuvré qui invite une fille au restaurant Plein Ciel des Magasins Réunis et se trouve pris dans une vilaine histoire pour un objet tombé de là-haut (*Plein Ciel*). Ou encore l'adolescente et la vieille dame qui s'affrontent, mais se réconcilient autour d'un gâteau et d'une bonne nouvelle (*L'anniversaire*). Et Jude dont l'absence se prolonge, tandis que celle qui l'attend corrige les épreuves d'un roman policier ne voyant pas que sa vie risque d'en devenir un (*Miettes*). Monica, la mère de Billy, est grosse, elle a les cheveux gras et un tatouage sur le bras. Et lorsqu'elle tombe amoureuse de Youssef, le copain de son fils, leur fragile équilibre se détraque tout à fait *(J'ai un tatouage sur le bras droit*). La photo d'un fauteuil de rotin dans une exposition rappelle à la narratrice son enfance, ses parents et sa petite sœur disparus dans un camp. Et pourtant, ce souvenir douloureux devient un luxe face à Siegler, le photographe des *Objets usuels hors d'usage*, qui en guise de souvenir n'a qu'un numéro au-dessus du poignet (*Le fauteuil en rotin*). Il y a aussi les enfants qui aimeraient tant que Lisa et Jean soient de nouveau un couple d'amoureux, mais Jean ne pense plus qu'à Charlotte (*Histoire d'eaux).* Enfin, la pirouette de la dernière nouvelle (*Rose*), entre rose et noir, avec une fin (presque) à choix multiple.

Tout est dit avec tendresse, un léger humour, un peu de révolte aussi. Parmi les thèmes, l'enfance démunie face au monde adulte, le souvenir, la mémoire, l'amour, l'amitié maltraitée.

Extrait: *Je suis restée muette et puis j'ai hurlé. Oui hurlé Papa-maman. Les grandes eaux c'est plus de mon âge, j'ai reniflé. Madame Vignon s'est arrêtée d'angoisser. Bon anniversaire, elle a redit. Elle a eu droit à la bise. Sur les deux joues. Sa peau est plutôt douce. Bise aussi au pépé Bruce. Les vieux on leur demande pas d'avoir un look d'enfer mais au moins il était bien rasé.*

Lecture à partager, lecture pour soi.

D'Annie Saumont on pourrait lire d'autres recueils de nouvelles: *Moi les enfants j'aime pas tellement, *Les voilà quel bonheur, Je suis pas un camion, Après, Embrassons-nous, C'est rien, ça va passer, Le lait est un liquide blanc, Les blés, Un soir à la maison.

Numéro six

Roman de Véronique Olmi (née en 1962 à Nice), publié à Arles chez Actes Sud en 2002, *Babel*.

La famille Delbast a six enfants, Fanny est la sixième, venue dix ans après le dernier des cinq premiers. L'aîné a vingt ans de plus qu'elle. Pas désirée, on l'ignore, on la laisse de côté. Pour se faire aimer de son père, Fanny est prête à tout, simule la maladie, reste alitée pendant un an – mais son père la fait soigner par un confrère.

Dans ce récit, la narratrice s'adresse directement à son père, médecin dévoué aux autres et de qui elle aurait tant désiré être remarquée. Aujourd'hui, Fanny est secrétaire, alors que tous ses frères et sœurs ont des professions prestigieuses, une famille, une villa, des enfants et des petits-enfants. Elle, de son côté, vit modestement avec sa fille Agathe. Son père centenaire se trouve dans une maison de retraite à proximité de chez elle. Fanny s'occupe de lui avec abnégation. En lisant les lettres que son père, alors jeune soldat, envoyait à ses parents depuis les tranchées de la guerre de 14-18, Fanny découvre un homme doux et rêveur qu'elle n'a jamais connu.

En une suite de brefs chapitres, anecdotes et tableaux, l'auteur esquisse le portrait d'une famille bourgeoise, catholique bien pensante, le rapport douloureux de Fanny à ses parents et le grand amour à sens unique de Fanny pour son père.

Extrait: *Je tire les rideaux, comme le fait Maria le matin, des gestes précis d'adulte affairé, décidé. Je me sens utile. Tu sors du cabinet de toilette. D'une voix sourde et furieuse tu me demandes si je n'ai pas honte de déranger ma mère. Je m'en vais.*

Je n'ai pas envie de pleurer.

J'ai envie de vous tuer.

Je dis à Marie que tu veux que ce soit moi qui te porte ton café. Avant de le servir j'y verse un peu de produit de vaisselle.

Je monte les escaliers, la tasse tremble dans la soucoupe.

Je m'arrête au seuil de la porte.

Et je bois.

Lecture à partager, lecture pour soi.

Traduction: Olmi, Véronique (2003): Nummer sechs, München (Kunstmann).

De Véronique Olmi on pourrait aussi lire: Bord de mer, Privée (nouvelles).

Occupation américaine (L')

Roman de Pascal Quignard (né en 1948 à Verneuil), publié à Paris chez Gallimard en 1994, *Folio*.

La fin des années cinquante à Meung, en France. La région est occupée par les GI's, leurs familles, leurs magasins, leurs voitures, leurs camps entourés de fils barbelés. Ils logent au château ou dans les plus belles demeures et sont entièrement coupés de la population française plutôt pauvre. Des voix hostiles s'élèvent pour crier *US go home*.

Depuis leur tendre enfance, Patrick Carrion, fils du vétérinaire, et Marie-José Vire, fille du quincaillier, sont amis. Les adolescents sont fascinés par les Américains et rêvent de jazz, toaster, Hollywood, Mercury 1953, réfrigérateur Kelvinator et New York. Quand Patrick et Marie-José font la connaissance du Sergent Caberra, du lieutenant Wadd et de sa fille Trudy, ils découvrent émerveillés les cigarettes américaines, les *gig* (sessions de jazz), les livres de Hemingway, mais aussi le racisme ambiant.

Marie-José, dorénavant, s'habille dans les surplus américains et porte des lunettes noires. Patrick joue de la batterie dans le groupe de jazz créé avec ses copains Rydell et Antoine. Mais tout ceci apporte trop de désarroi dans la vie jusque là calme et dans l'amour des deux adolescents.

Le roman critique avec force la présence envahissante des Américains en France et éclaire l'une des sources de l'attitude actuelle face aux Etats-Unis.

Extrait: *Le Noir voulut répondre. Wilbur inclina la tête lentement et le GI reçut un brusque coup de tête sur le front. Le Noir leva les yeux avec effarement sur le visage du sergent Caberra. Il hésita. Il céda. Il repartit sous la pluie.*

Rydell avait soudain cessé de jouer du piano. Marie-José s'était mise debout près de lui.

Wilbur Humphrey Caberra rejoignit le comptoir dans le silence.

Patrick tremblait. Il cherchait à être aussi impassible que le sergent qui avait repris sa place à ses côtés. On entendit Rydell qui disait avec force: «Il y a des cons», et qui se remit au piano en plaquant des accords dissonants avec rage.

Lecture à partager, lecture pour soi.

Traduction: Quignard, Pascal (2000): Die amerikanische Besatzung, Berlin (Kowalke & Co).

De Pascal Quignard on pourrait aussi lire: *Tous les matins du monde, Le Salon du Wurtemberg, La Leçon de musique.

Oscar et la dame en rose

Roman d'Eric-Emmanuel Schmitt (né en 1960), publié à Paris chez Albin Michel en 2002, Reclam.

Cher Dieu. C'est ainsi que commence chacune des douze lettres d'Oscar adressées à Dieu. Oscar a dix ans, se trouve à l'hôpital *à cause de son cancer* et n'a jusqu'alors jamais adressé la parole à Dieu. Il ne connaît que le Père Noël qui apporte des cadeaux. Mamie-Rose lui explique la différence entre eux. L'un ne s'occupe que des choses matérielles, tandis que l'autre répond aux choses de l'esprit.

Oscar souffre de la lâcheté des adultes qui ne veulent pas lui dire s'il va mourir. En se confiant à Dieu, Oscar reçoit des réponses à ses questions. Pour compenser son désarroi, Mamie-Rose lui apprend comment vivre une vie entière en douze jours. Car pendant les douze derniers jours de l'année, dit-elle, on peut vivre une journée comme dix ans de vie. En une journée, Oscar vit son adolescence, apprend à embrasser Peggy Blue, une petite fille leucémique, mais il est soulagé que les tourments de l'adolescence prennent fin le lendemain, car c'est vraiment une période trop éprouvante. Au douzième jour, Oscar meurt très vieux au bout d'une vie bien remplie. La présence discrète et chaleureuse de Mamie-Rose l'aide à supporter l'insupportable.

Eric-Emmanuel Schmitt aborde ici un problème douloureux de manière inhabituelle qui ne laisse pas indifférent.

Extrait: *Alors ce matin, j'ai voulu voir si, elle aussi, elle devenait dure de la feuille à ce moment-là.*
– Mamie-Rose, j'ai l'impression que personne ne me dit que je vais mourir.
Elle me regarde. Est-ce qu'elle va réagir comme les autres? S'il te plaît, l'Etrangleuse du Languedoc, résiste et conserve tes oreilles.
– Pourquoi veux-tu qu'on te le dise si tu le sais, Oscar!
Ouf, elle a entendu.

Lecture de vacances, lecture à partager.

Traduction: Schmitt, Eric-Emmanuel (2003): Oscar und die Dame in Rosa, Zürich (Ammann).

Oscar et la dame en rose est le troisième volet du *Cycle de l'Invisible*. On pourrait lire également les deux premiers volumes Milarepa (consacré au bouddhisme) ou Monsieur Ibrahim et les fleurs du Coran (consacré au soufisme).

Pamukalie, pays fabuleux,
vrai guide d'un pays surréel

Guide d'Eugène (né en 1969 à Bucarest, vit en Suisse), publié à Paris aux éditions Autrement en 2003.

Le guide de la Pamukalie comporte toutes les rubriques que l'on peut attendre d'un guide. On y parle de l'Histoire, de la culture ou des villes du pays. On nous suggère les meilleurs hôtels, les restaurants agréables ou les excursions intéressantes. Des histoires se développent au fil de la lecture. Comme celle de Nimikha, la seule Dame ayant gouverné le pays, et de son amoureux infortuné, l'architecte philosophe Achtept.

Dans ce guide facétieux, on trouve du vrai et du faux. Sous le charme, on ne met plus rien en doute et on suit aveuglément son guide. On grimpera alors dans ce bus dont la destination est *Nulle part.* Le chauffeur vous déposera dans un motel se situant dans un lieu que personne ne connaît. Vous y passerez la nuit seul ou en compagnie, à votre préférence. Le chauffeur viendra vous y reprendre le lendemain matin pour vous ramener en ville où vous poursuivrez vos découvertes en vous étonnant de ces souffleurs de vase à textes ambulants, de ces marchands de nougat rose ou des mendiants à vélomoteur.

Le livre évoque aussi plus d'une singularité qui nous renvoie gentiment à quelques-uns de nos travers de touristes aveuglés.

Le guide de Pamukalie est un livre plein de poésie, d'imagination, de fantaisie. Il contient bien plus de sagesses qu'il n'y paraît tout d'abord. A chacun de les méditer au cours de son voyage.

Extrait: Glossaire: *Struts Dröm: (littéralement autruchodrome), stade de 400 mètres dans lequel se tiennent les courses d'autruches, l'autre grande passion sportive des Pamukals. A noter que les Struts Dröm sont toujours rectilignes, car aucun dresseur n'est parvenu à faire entrer dans les têtes de ces piafs le concept de «virage».*

Lecture de vacances, lecture pour soi.

D'Eugène on pourrait aussi lire: Mon nom.

Je me souviens qu'un des livres qui me faisait le plus rêver était un traité de savoir-vivre présenté par le baron André de Fouquières.
Je me souviens, Georges Perec

Papa doit manger

Pièce de théâtre de Marie Ndiaye (née en 1968 en France d'un père sénégalais et d'une mère française, vit en France), publiée à Paris aux éditions de Minuit en 2003.

Le texte se présente comme une suite de onze tableaux, sans didascalie. La pièce a été jouée en 2003 à la Comédie Française.

Papa, un Noir séduisant, fier de sa peau noire, a fui la médiocrité de la triste banlieue de Courbevoie (Paris) il y a dix ans. Aujourd'hui il revient, se prétend très riche, ayant beaucoup voyagé et fait de bonnes affaires. Il offre des pâtes de fruits *duty free* à ses filles et invite tout le monde – Maman, Mina, Ami et Zelner, l'ami de Maman, – au restaurant de l'hôtel Nikko. Mina se laisse apprivoiser, devient conciliante, Ami refuse tout ce qui vient de Papa.

Bien que les belles paroles de Papa sonnent creux, Maman ne peut s'empêcher de continuer à être attirée par son beau Noir tout en tâchant de protéger ses filles de son baratin. Elle sait bien qu'à cause de lui, elle n'a jamais pu finir son apprentissage de coiffeuse. Papa n'a jamais été fiable.

En réalité, Papa n'a jamais quitté Courbevoie, mais plus paumé que jamais, il a besoin d'aide.

Vingt ans plus tard, à la mort de Zelner, Papa retourne auprès de Maman, la suppliant de le reprendre. Le reprendra-t-elle?

Les situations évoquées, un père absent, un père qui revient, le manque d'argent, la fatigue d'une mère, mais surtout cette passion irraisonnée pour un homme qui n'en vaut pas la peine sont les thèmes de la pièce. Ils font aussi partie de la vie de tous les jours.

Extrait: *Constatez, Zelner. J'ai cinquante ans et j'en parais trente. Mon corps, mon visage: toute ma personne est d'une jeunesse insensée. J'ai réussi au-delà de mes espoirs les plus fervents, j'ai voyagé, commercé, négocié, j'ai amassé et me voilà. Que pensez-vous de Papa, Zelner? Comment me trouvez-vous? M'avez-vous secrètement redouté, détesté, avez-vous, Zelner, souhaité la mort de Papa au loin pour prendre sa place sans remords?*

Lecture à partager, lecture pour soi.

De Marie Ndiaye on pourrait aussi lire: *La sorcière, En famille, Rosie Carpe, Tous mes amis (nouvelles).

Paroles

Recueil de poèmes de Jacques Prévert (1900 à Paris – 1977 à Ormonville-la-Petite), publié à Paris chez Gallimard en 1949, *Folio, Folio plus classiques*.

Prévert est le poète de la vie de tous les jours. La poésie est, pour lui, *l'un des plus vrais, plus utiles surnoms de la vie*. Poèmes aux formes variées et libres, Prévert utilise rarement la rime. Ses thèmes de prédilection sont l'enfant, souvent malheureux (*Chasse à l'enfant*). Il s'ennuie à l'école et rêve de s'échapper (*Le cancre, Page d'écriture, L'accent grave, En sortant de l'école*). Mais la vie est belle, n'oublions pas le bonheur de vivre (*Conversation, Chansons des escargots qui vont à l'enterrement, Le temps perdu).* Nombreux sont les poèmes d'amour, l'amour source de bonheur ou brisé par l'égoïsme, le temps ou les circonstances (*Barbara, Déjeuner du matin, Rue de Seine, Pour toi mon amour, Cet amour, Le message*). Certains poèmes manifestent l'horreur de la guerre ou la toute-puissance de l'argent qui permet de s'enrichir et de faire des affaires (*Barbara, Quartier libre, La rue de Buci maintenant, Osiris ou la fuite en Egypte*). Prévert est sensible à l'indigence sociale, le mal de vivre et la révolte sont très présents (*La grasse matinée, Chanson dans le sang, Complainte de Vincent, Le désespoir est assis sur un banc*). Sans cesse entre réalisme et surréalisme, entre rêve et révolte, Prévert reste un poète très actuel.

Poème: *Le message*

La porte que quelqu'un a ouverte
La porte que quelqu'un a refermée
La chaise où quelqu'un s'est assis
Le chat que quelqu'un a caressé
Le fruit que quelqu'un a mordu
La lettre que quelqu'un a lue
La chaise que quelqu'un a renversée
La porte que quelqu'un a ouverte
La route où quelqu'un court encore
Le bois que quelqu'un traverse
La rivière où quelqu'un se jette
L'hôpital où quelqu'un meurt.

Lecture à partager.

De Jacques Prévert on pourrait aussi lire: Spectacle, La pluie et le beau temps, Histoires, Soleil de nuit, Hebdromadaires, Choses et autres, Lettres des îles Baladar.

Passeport (Le)

Roman d'Azouz Begag (né en 1957 à Lyon), publié au Seuil en 2000.

Le roman se passe dans une voiture de police qui sillonne les rues d'Alger.

Zoubir El Mous, alias Zouzou, vit mal. Il est séparé de sa famille, car sa femme ne supportait plus la tension permanente de sa vie difficile. Devenu policier parce qu'il rêvait d'un travail tranquille, il s'imaginait régler la circulation en regardant les jolies filles traverser la rue. La réalité est fort différente. Avec trois collègues, Karamel, Simon et Géloule, Zouzou parcourt la ville nuit et jour. Tous les quatre sont serrés dans une petite Toyota et exécutent les ordres que la Centrale leur dicte par radio.

Leur mission consiste aussi bien à poursuivre une voiture qu'à liquider un «ennemi du peuple» en le surprenant dans son appartement. D'où viennent véritablement les ordres qu'on leur donne et qui sont leurs vrais chefs? La corruption règne en maître et on ne peut faire confiance à personne.

Pour ne pas succomber à l'atmosphère de peur panique qui domine, les policiers se gavent de gélules anesthésiant leur volonté et leur pensée.

Zoubir refuse de succomber à la panique. Et par l'intermédiaire de ses amis Gorigori et de la belle Dahlia, il tente de se procurer un passeport pour retourner en France où il a grandi.

Le livre démontre les mécanismes et l'engrenage de la violence. Il parle de l'Algérie de ces dernières années, mais aussi de tout autre lieu où règne la gangrène de la corruption et de l'endoctrinement.

Extrait: – *Tu connais ce genre de mission? Mo a sursauté.*
– *Pas du tout. Je n'ai encore jamais tué. Je crois.*
– *Tu étais où avant d'atterrir ici? J'ai poursuivi.*
– *Je ne sais pas.*
– *Comment tu ne sais pas? Géloule s'est retourné, intrigué par la réponse.*
– *J'ai oublié.*

Lecture pour soi.

D'Azouz Begag on pourrait aussi lire: *Le gone du Chaâba, *Ahmed de Bourgogne, Quand on est mort, c'est pour toute la vie.

Paysage de cendres (Un)

Roman d'Elisabeth Gille (1937 à Paris – 1996 à Paris), publié à Paris au Seuil en 1996, *Points*.

Bordeaux 1942. Léa Lévy dont les parents, Juifs d'origine russe, viennent d'être arrêtés et déportés, est recueillie dans le couvent de sœur Saint-Gabriel. Léa, pourtant si vive et indisciplinée, se lie aussitôt d'amitié avec la très sage Bénédicte.

Une fois la guerre terminée, Bénédicte retrouve ses parents qui acceptent de se charger également de Léa. Tourmentée par les événements de la guerre et sans en parler à quiconque, Léa se met en quête de la vérité. Elle veut savoir les raisons de la disparition de ses parents et des autres Juifs. Mais ce qu'elle découvre la bouleverse irrémédiablement.

Des années plus tard, au début des années soixante, Bénédicte et Léa devenues étudiantes, sont confrontées, à Paris, aux événements de la guerre d'Algérie, autre époque tourmentée de l'Histoire française.

Le roman montre de manière saisissante le désarroi de Léa, fragilisée par sa coupure brutale avec l'univers familial et jetée dans l'insécurité de la guerre. Elle en sera définitivement marquée et ne s'en remettra jamais.

L'histoire de Léa est aussi un peu celle de l'auteur Elisabeth Gille, issue d'une famille juive russe et dont les parents – sa mère, Irène Némirovsky était écrivain – furent déportés.

Extrait: – *Nous avons cru pendant toutes ces années que tu ne pensais plus à tes parents, qu'ils ne te manquaient pas, que tu ignorais leur sort. Tu les aimes encore beaucoup, n'est-ce pas?*
– *Je les déteste, au contraire, cria Léa avant d'éclater à son tour en sanglots.*
– *Tu les détestes? Mais pourquoi?*
– *Parce qu'ils m'ont abandonnée.*
– *Calme-toi. Assieds-toi. Tu ne peux pas dire ça, voyons. Ils t'ont sauvée. Tu ne mesures pas la somme d'amour qu'il leur a fallu pour se séparer de toi et te confier à une inconnue.*

Lecture à partager, lecture pour soi.

Traduction: Gille, Elisabeth (2000): Landschaft aus Asche, München (Piper).

D'Elisabeth Gille on pourrait aussi lire: Le mirador.

Petit col des loups (Le)

Roman de Maryline Desbiolles (née en 1959 en France), publié à Paris au Seuil en 2001, *Points*.

Elle est très jeune, son ventre s'arrondit, elle est enceinte. Lui, Vincent, est soldat en Algérie, où on l'a envoyé faire la guerre. L'histoire se passe en France au début des années 60.

Elle ne lui écrit pas ce qui se passe parce qu'elle ne sait pas «écrire des choses de soi». Ses parents non plus ne sont pas au courant. Seule, sa marraine d'adoption, Marie-Marthe, connaît son secret.

Le roman a pour cadre l'arrière-pays niçois, une région sauvage comme la jeune fille, comme Marie-Marthe qui vit hors du monde et s'efforce de remonter les murets de bergeries. Sensible au désarroi de la jeune fille – dont on ne connaît pas le prénom – elle tente de lui rendre la parole, de lui rendre confiance et de la soutenir.

Le roman a pour thème l'adolescence désorientée et solitaire, en proie à des problèmes qui la dépassent. L'auteur en parle avec beaucoup de sensibilité.

Extrait: *Plus que gros, son ventre est grand, elle n'est pas engrossée, elle n'est pas grosse, elle est spacieuse, elle pourrait loger toute une famille et leurs pépiements et leurs colères et leurs gaietés, toute une famille et toute une forêt, y compris le vent, la pluie et le beau temps, elle ne craint ni les épines ni les insectes les plus louches, elle a énormément envie de rire.*

Lecture de vacances, lecture à partager.

> – *Je l'ai ouvert pour me retenir, pour m'empêcher de passer la porte, parce qu'il y avait rien d'autre ici et tu sais ce qu'il m'a fait ce bouquin?*
> *Elle secoua la tête.*
> – *Il m'a fait ça et ça.*
> *Il l'avait repris pour se frapper le crâne et les deux joues.*
> Ensemble, c'est tout, Anna Gavalda

Petit prince de Belleville (Le)

Roman de Calixthe Beyala (née en 1961 au Cameroun, vit en France), publié à Paris chez Albin Michel en 1992, *J'ai lu.*

Belleville, un quartier populaire de Paris. Mamadou Traoré, dit Loukoum, a sept ans, un père éboueur, deux mères, M'am et Soumana, trois frères et sœurs. Un jour, Loukoum apprend qu'aucune des deux femmes n'est sa vraie mère et que les enfants de M'am sont en réalité ceux de Soumana. M'am est l'épouse légale et seuls ses enfants peuvent bénéficier des allocations familiales. Avec son père, Loukoum fréquente le café de Monsieur Guillaume, lieu de rendez-vous d'un petit monde hétéroclite, Monsieur Kaba ou M'zelle Esther qui vit de ses charmes et emmène Loukoum à la piscine. Et parfois la police, à sa manière, vient y mettre de l'ordre. Lorsque Madame Saddock, férue de féminisme, veut apprendre leurs droits à M'am et à Soumana et à s'émanciper du joug de leur mari commun, les ennuis et les malentendus ne font que s'amplifier.

Les problèmes des adultes sont vus à travers le regard de Loukoum, monde compliqué des immigrés qui peinent à trouver un équilibre entre le monde musulman de leur éducation africaine et celui de la faune parisienne de leur présent.

Extrait: C'est Alexis qui me l'a montrée. *Et c'est écrit: «UNE FAMILLE D'IMMIGRÉS DÉCLARE DES FAUSSES NAISSANCES ET DÉTOURNE PLUSIEURS MILLIONS DE CENTIMES AUX ALLOCATIONS FAMILIALES».*
– Vous voilà célèbres! qu'il dit Alexis en rigolant.

Moi, je m'en serais bien passé. J'ai le vague à l'âme. J'sais pas c'que j'ai, mais j'suis pas bien. Je regarde la télévision, mais j'vois rien, j'entends rien. On dirait qu'il y a trop de choses dans mes yeux qui me bouchent la vue. Je zappe. Alors, pour passer le temps, je m'ai mis à écrire. J'écris un vrai livre. Sur ma vie, et j'me dis qu'un jour on en fera un film.

Lecture de vacances.

Traduction: Beyala, Calixthe (1995): Der kleine Prinz aus der Vorstadt, Frankfurt (Fischer-Tb).

De Calixthe Beyala on pourrait aussi lire: C'est le soleil qui m'a brûlée, Tu t'appelles Tanga, La petite fille du réverbère, La Négresse rousse.

Petite

Roman de Geneviève Brisac (née en 1951 à Paris), publié à Paris aux éditions de l'Olivier en 1994, *Points*.

Un jour, Nouk, Geneviève de son vrai nom, décide qu'elle n'aura plus jamais faim. Elle prend l'habitude de vomir tout ce qu'on lui donne à manger. Nouk maigrit. Le médecin lui fait de violents reproches. Nouk continue à maigrir. Bientôt Nouk pèse moins de 30 kg.

Nouk admire sa grande sœur Cora, si belle, et envie le bébé que tout le monde cajole, alors qu'elle-même se sent incomprise et mal aimée. Les parents de Nouk, ingénieur et philosophe, ont peu de temps à consacrer à leur fille. Elle glisse des appels au secours sous l'oreiller de ses parents. Mais jamais ils ne répondent. Ils préfèrent emmener Nouk chez les spécialistes.

Il faudra bien des années à Nouk pour trouver une issue à son épreuve, mais elle s'en sortira, un peu grâce à ce grand-père qui sera le premier à l'écouter et lui consacrer du temps sans contrepartie.

Le récit de Nouk aborde sans faux-fuyant tous les côtés terribles de l'anorexie et permet de croire en une solution optimiste.

Ce récit est la suite de *Les filles*, récit où Geneviève Brisac raconte les débuts de la maladie de Nouk.

Extrait: *Ce que Nouk apprend chez son grand-père, au fil des semaines, au fil des ans, elle ne le sait pas, mais ça s'insinue doucement en elle, très lentement. Elle l'observe, sans s'en apercevoir, elle remarque comme il fait attention à tout ce qu'il fait, comme il le fait lentement et soigneusement, elle trouve que c'est beau, cette manière de faire. Elle remarque qu'il fait très attention à ce qu'il mange. Il lui apprend qu'il a des habitudes très fixes. Je mets toujours le réveil à sept heures trente. Et puis je traîne dans mon lit jusqu'à huit heures. C'est le moment que je préfère cette demi-heure. Ensuite la journée passe très vite. J'ai tant de choses à faire.*

Lecture à partager, lecture pour soi.

De Geneviève Brisac on pourrait aussi lire: Les filles, Week-end de chasse à la mère, Les sœurs Délicata.

> *Il suffisait de partir, il suffisait de monter sur un scooter avec Dan pour que le monde se révèle tel qu'elle l'avait parfois lu dans les livres, accueillant et beau.*
> Le magot de Momm, Hélène Lenoir

Petite aux tournesols (La)

Roman de Noëlle Châtelet (née en 1944), publié chez Stock en 1999, *Le livre de poche*.

Mathilde, six ans, part en vacances avec sa mère. Mais Mathilde boude. L'année précédente, elles avaient passé l'été au bord de la mer. Et Mathilde se souvient des vagues sur son corps, des parties de baignades et des jeux sur la plage avec les cousins et cousines.

Mathilde oublie toute sa mauvaise humeur en découvrant la maison provençale, l'odeur de lavande, les champs de tournesols. Mais c'est la rencontre avec Rémi, une dent en moins, la tignasse ébouriffée, l'invitant à monter près de lui sur le tracteur qui est déterminante. Auprès de Rémi, Mathilde découvre l'amour et ses vacances en sont transformées.

Le champ de tournesols est le lieu des rencontres secrètes de Mathilde et de Rémi. Il lui apprend tout de ces fleurs qui tournent la tête au gré du soleil et avec lesquelles on peut parler. La couleur éclatante des tournesols souligne le bonheur des deux enfants. Et lorsque le malheur s'annonce, car la mère de Mathilde parle de départ, les tournesols, eux aussi, s'assombrissent et leur cœur devient tout noir.

Avec tendresse et sensibilité, l'auteur raconte ce premier amour, ses moments de bonheur, de malheur, de jalousie aussi.

Extrait: *De dos, c'est le plus beau garçon qu'elle ait jamais rencontré. C'est aussi le premier qui lui fait envie, comme un Carambar, mais en mieux, car le Carambar on le mange et c'est tout, alors que Rémi, elle en a envie sans le finir jamais et pas uniquement avec la bouche mais aussi les yeux, les oreilles et même avec la pensée. Dans la voiture également, elle a eu envie quand leurs genoux se sont frôlés, puis quittés, puis frôlés encore, par la grâce des virages.*

Lecture de vacances.

Traduction: Châtelet, Noëlle (2001): Das Sonnenblumenmädchen, Köln (Kiepenheuer & Witsch).

De Noëlle Châtelet on pourrait aussi lire: Histoire de bouches (nouvelles).

Je me souviens que dans Le Livre de la jungle, Bagheera est la panthère, Mowgli le petit homme, et les Bandar-Logs les singes (mais comment s'appellent l'ours et le serpent?)
Je me souviens, Georges Perec

Place (La)

Récit d'Annie Ernaux (née en 1940 à Lillebonne), publié à Paris chez Gallimard en 1983, *Folio*.

La narratrice fait le portrait de ses parents. Son père a grandi dans une famille de paysans pauvres, tandis que sa mère travaillait en usine avant de se marier. Ensemble, après la guerre, au début des années 50, ils ont ouvert un café-alimentation, à Y(vetot) en Seine-Maritime. C'est une promotion sociale dont ils sont très fiers, car leur petit commerce les rend enfin indépendants. Cependant, ils besognent dur depuis tôt le matin jusqu'à tard le soir pour gagner un peu plus, pour être *comme il faut,* pour faire *ce qui se fait,* mais vivent dans la crainte permanente de ne pas savoir se comporter et d'avoir un geste *déplacé*. Ils sont secrètement fiers de leur fille unique qui fait des études et pour laquelle ils sacrifient leur vie. Longtemps la narratrice pense de la même manière qu'eux.

Cependant au fil des années et au contact de ses camarades issues de la bourgeoisie, Annie Ernaux découvre d'autres valeurs. Elle se distancie de ses parents, les heurte et les blesse en voulant les changer. De part et d'autre l'incompréhension, puis le silence s'installent.

Le récit d'Annie Ernaux évoque les transformations sociales et économiques en France après la deuxième guerre mondiale, leurs conséquences et inévitables bouleversements à l'intérieur d'une famille.

Extrait: *La peur d'être* déplacé*, d'avoir honte. Un jour, il est monté par erreur en première avec un billet de seconde. Le contrôleur lui a fait payer le supplément. Autre souvenir de honte: chez le notaire, il a dû écrire le premier «lu et approuvé», il ne savait pas comment orthographier, il a choisi «à prouver». Gêne, obsession de cette faute, sur la route du retour. L'ombre de l'indignité.*

Lecture à partager, lecture pour soi.

Traduction: Ernaux, Annie (1988): Das bessere Leben, Frankfurt (Fischer Tb).

D'Annie Ernaux on pourrait aussi lire: *Journal du dehors, Les armoires vides, Ce qu'ils disent ou rien, Une femme.

Play-back

Roman policier de Didier Daeninckx (né en 1949 à Saint-Denis), publié aux éditions Manya en 1992, *Folio*.

Longrupt est l'un de ces villages de l'est de la France, jadis opulent grâce à la sidérurgie, triste et vide aujourd'hui que les hauts fourneaux ont cessé de fonctionner.

Patrick Farrel, le narrateur, est un jeune écrivain sans succès. Il a été engagé par les éditions Noselé pour écrire la biographie de la chanteuse Bianca B., vedette du Top 50, qui vit à Longrupt.

A Longrupt, Patrick Farrel découvre une vie misérable, le chômage sévit, la petite ville est dépeuplée. Et il se demande pourquoi Bianca B. continue à vivre dans ce lieu sinistre. Il rencontre tout d'abord Prima Poviani, amie d'enfance de Bianca B. qui écrit les textes de ses chansons. Seule dans sa maison, elle vit mal, semble sans âge et boit. Elle invite Patrick Farrel à revenir la voir, car elle a des choses à lui confier. Mais le lendemain elle est morte.

Chez Bianca B., Patrick est mal reçu, on lui suggère de ne pas insister. Pendant les quelques jours passés sur place, Patrick Farrel découvrira les raisons du meurtre de Prima Piovani, mais il apprendra aussi à connaître les mécanismes de survie d'une région condamnée à l'asphyxie économique.

Le roman permet de découvrir d'une part les problèmes économiques et sociaux de la Lorraine, d'autre part les côtés pourris du monde du show-biz et le tout emballé dans une intrigue policière.

Extrait: – *Ne joue pas au plus fin, Perrin. Tu sais très bien ce qui me tombe sur le coin de la gueule: la fille qui écrivait en sous-main les chansons de Bianca B. a été assassinée. C'est officiel. Je vais devoir ramer comme un dingue pour boucler cette merde de biographie, surtout que ta chanteuse me tire une gueule pas possible…*

Lecture à partager, lecture pour soi.

Traduction: Daeninckx, Didier (1991): Die Stimme der Bianca B., Berlin (Aufbau).

De Didier Daeninckx on pourrait aussi lire: *Zapping (nouvelles), En marge, Lumière noire, Un château en Bohême, Hors limites (nouvelles), Autres lieux (nouvelles), Passages d'enfer (nouvelles), Raconteur d'histoires (nouvelles).

Poisson d'or

Roman de J.M.G. Le Clézio (né en 1940 à Nice), publié à Paris chez Gallimard en 1997, *Folio*.

Toute petite, Laïla a été volée dans son pays d'origine au sud du Maroc, puis vendue à une vieille Juive marocaine, Lalla Asma. Auprès d'elle, Laïla trouve à la fois une patronne et une grand-mère qui lui apprend à lire et à écrire en français et en espagnol. Mais à la mort de Lalla Asma, Laïla doit quitter la maison et affronter le monde de la rue. Sa seule possession est une paire de boucles d'oreilles qu'elle portait lorsqu'elle a été enlevée et qui l'accompagnera dans sa quête incessante la menant à Paris, Nice et aux Etats-Unis. Et ce n'est que beaucoup plus tard et après de nombreuses péripéties et épreuves tragiques que Laïla, grâce à ses boucles d'oreilles, réussira à retrouver ses véritables origines.

Le roman est un roman de formation. A chaque étape, Laïla fait une rencontre déterminante pour son apprentissage de la vie. Il y a tout d'abord Houriya, l'amie marocaine, puis à Paris le docteur Fromaigeat qui lui donne du travail mais abuse d'elle, Nono, son ami le boxeur drogué, le gitan Juanico, Hakim grâce à qui elle aura un passeport ou Sara qui lui révèle la musique. Mais c'est aussi un réquisitoire contre la violence faite aux femmes.

Le roman se passe principalement dans le monde des exclus, des sans-papiers, des sans-abri, tous ceux qui vivent mal en marge de la société.

Extrait: *Un jour, elle m'a même remis solennellement la petite boîte qui contenait les boucles d'oreilles en or, les croissants de lune qui portaient le nom de ma tribu, et que les voleurs d'enfants m'avaient laissée quand ils m'avaient vendue à Lalla Asma. «Elles sont à toi. Je les gardais pour que tu ne risques pas de les perdre. C'était la volonté de ma mère, comment je pourrais ne pas lui obéir?» Je me suis toujours demandé pourquoi elle faisait ça. La seule explication que j'ai trouvée, c'est que Lalla Asma lui était apparue dans un rêve et lui avait dit de le faire.*

Lecture à partager, lecture pour soi.

Traduction: Le Clézio, J.M.G. (2003): Fisch aus Gold, Köln (Kiepenheuer & Witsch).

De Le Clézio on pourrait aussi lire: *Etoile errante, *La ronde et autres faits divers, *Hasard *suivi d'*Angoli Mala, Mondo et autres histoires, La Quarantaine, Onitsha.

Pont aux heures (Le)

Roman de Catherine Safonoff (née en 1939 à Genève), publié à Genève aux éditions Zoé en 1996.

Roman étrange, auquel se mêle un peu de surnaturel, et la voix de l'auteur qui intervient à la première personne. Il s'agit cependant d'un roman d'apprentissage.

Méli vit avec Diane Wilmer, sa grand-mère invalide, dans un grand appartement bourgeois, sans souci du quotidien. En traversant le pont aux Heures, un samedi matin, Méli s'arrête, subjuguée par le chant d'une femme. C'est Vrochunda, à la chevelure rousse et portant une vaste jupe marron, le parfait contraire de Méli. Vrochunda est libre, sans attaches, chante pour gagner un peu d'argent et loge dans une petite chambre lugubre. Fascinée par la liberté de la jeune femme, Méli vit dorénavant à travers l'énigme Vrochunda. Elle a besoin de Vrochunda qui, elle, n'a pas besoin de Méli. Elles se rencontrent, puis se perdent de vue, mais Méli n'a de cesse de retrouverses traces. Et c'est là que l'auteur se manifeste pour mener son projet à bien. Elle introduit un nouveau personnage, Karel, jeune homme dont Vrochunda va partager la vie dans la maison abandonnée en dehors de la ville.

Les interventions de l'auteur – sur un mode enjoué – permettent aussi de se poser des questions sur l'écriture et le rôle de l'écrivain.

Extrait: *Méli ferma la main et se retourna. Tout alla vite. Elle traversa le pont vers la femme qui chantait toujours, qui cessa de chanter quand Méli fut devant elle. Méli tendit sa main fermée. La femme avait des yeux marron clair, presque jaunes, un jaune doré, comme certains animaux. Elle prit l'objet sans le regarder, sans détourner ses yeux de Méli. Méli se le rappellerait, la femme avait pris la bague sans savoir ce que c'était et l'avait fourrée dans une poche de sa jupe sans un coup d'œil. Elle hocha à peine la tête et sourit sans rien dire.*

Lecture à partager, lecture pour soi.

De Catherine Safonoff on pourrait aussi lire: La Part d'Esmé, La tête de ma femme (nouvelles), La part du fleuve (nouvelles).

Porteur de cartable (Le)

Récit d'Akli Tadjer (né en 1954 à Paris), publié à Paris chez Jean-Claude Lattès en 2002, *Pocket*.

Le récit se passe en 1962 à Paris. Les accords d'Evian qui mettent fin à la guerre d'Algérie viennent d'être signés. Cependant, les Français de l'OAS continuent à commettre des attentats et les Algériens du FLN poursuivent la lutte pour la libération de leur pays.

Dans cette atmosphère d'insécurité, Omar, dont le père est membre du FLN, rencontre Raphaël, français, fils d'une famille pied-noir qui vient d'être rapatriée en France. Les deux garçons, tous deux victimes des vicissitudes de la guerre, découvrent qu'ils ont beaucoup en commun ce qui scelle leur amitié. Raconté d'abord sur un mode léger, le récit prend peu à peu un cours dramatique, inéluctable.

L'intérêt du texte est de ne privilégier ni un côté ni l'autre, mais de montrer que chacun est touché par la guerre: le père d'Omar est arrêté, la mère de Raphaël devient folle, le frère de madame Ceyrac meurt à la guerre.

Extrait: – *Je serai discret. Mon copain Boulawane d'Hydra m'avait emmené, une fois, avec lui, dans sa tournée. Personne ne m'avait remarqué. Un vrai passe-muraille.*

Moi je ne veux pas prendre de risques. Allez, va apprendre l'imparfait du subjonctif du verbe oublier et oublie-moi.

Il fait sa tête de chien battu mais je ne céderai pas. Mon père s'est fait virer de la révolution pour moins que ça, il ne manquerait plus que son fils se fasse, lui aussi, renvoyer pour collaboration avec l'ennemi. Aussi, je prends mon cartable et je sprinte, sans me retourner, rue Etienne-Marcel; direction Azzouz the Fellouze.

Lecture de vacances.

Je les dévorais en cachette, non pas parce qu'ils m'étaient interdits, mais parce que j'ai toujours su que la lecture est l'acte le plus intime qui soit: comme de sa vie privée ou de ses rêves, on ne devait pas en parler aux adultes.
Un cercle de famille, Michèle Gazier

Punta (La)

Roman d'Yvette Z'Graggen (née en 1920 à Genève), publié à Vevey aux éditions de l'Aire en 1992, *L'Aire bleue*.

Florence et Vincent, retraités, vivent à Genève avec un modeste revenu. Lorsque leur appartement est mis en vente, n'ayant pas les moyens d'en devenir propriétaires, ils achètent une petite maison sur la côte espagnole. Vincent souffre de cet exil, se recroqueville sur lui-même, ne sort pas de la maison, se réfugie dans la lecture du journal et les mots croisés, alors que Florence découvre la beauté de la mer, admire le paysage, s'intéresse à un autre mode de vie et apprend l'espagnol. Cette nouvelle vie révèle les différences entre Florence et Vincent et accentue l'écart de leur attitude face à leur nouvel entourage.

En alternance avec le présent, il y a le passé, l'enfance de Florence entre un père et une mère qui s'aimaient beaucoup et où elle était de trop, puis son travail de secrétariat à la Croix Rouge pendant la deuxième guerre mondiale et sa sensibilité pour les drames qui en découlent. Mais aussi sa découverte des hommes et ses déconvenues amoureuses jusqu'à la rencontre avec Vincent.

Le roman a un ton un peu amer. C'est aussi le roman d'une femme qui a toujours vécu à travers les autres et qui, à l'âge de la retraite, se découvre enfin elle-même.

Extrait: – *Il regrette que vous ayez vendu ainsi vos terres.*
– Qu'est-ce qu'on pouvait faire d'autre? demande Pablo. Rester pauvres?
Son visage s'est assombri:
– Il nous préfère, ton mari, quand on crève de faim ou quand on est chez vous à réparer vos routes?

Il ajoute que je dois aller à l'intérieur des terres, un jour, et je verrai alors comment on vit encore aujourd'hui, en Espagne, quand on n'a pas la chance d'être né dans une région touristique. Et puis est-ce que ce n'est pas mieux de vendre la mer, le soleil, que du pétrole ou des armes? «Comme vous».

Lecture à partager, lecture pour soi.

Traduction: Z'Graggen, Yvette (2002): Die Punta, Basel (Lenos Pocket).

D'Yvette Z'Graggen on pourrait aussi lire: *Matthias Berg, Les années silencieuses, Un temps de colère et d'amour, Ciel d'Allemagne, Le filet de l'oiseleur.

P... respectueuse (La)

Pièce de théâtre de Jean-Paul Sartre (1905 à Paris – 1980 à Paris), publiée à Paris chez Gallimard en 1947, *Folio*.

Peu après la 2e guerre mondiale, Sartre voyage aux Etats-Unis et y découvre l'ampleur désastreuse du racisme. En rentrant, il écrit cette pièce dont les thèmes sont le racisme et l'arrogance obtuse des Blancs américains.

La pièce, très courte, comporte deux tableaux qui se passent à 12 heures d'intervalle. La prostituée Lizzie débarque dans une ville américaine du Sud où elle espère une vie meilleure. Or, dans le train, elle a assisté au meurtre d'un Noir par un Blanc. Pour que le Blanc qui fait partie d'une famille réputée et «honorable» ne soit pas poursuivi, sa famille fait pression sur Lizzie et l'oblige à porter un faux témoignage. Elle se laisse facilement abuser par les propos mystificateurs du sénateur, oncle du meurtrier. Et pourtant, tout en passant son aspirateur, elle se remémore ses paroles. Elle soupçonne qu'elle s'est fait avoir, mais elle n'est pas capable de démêler le vrai du faux.

Lizzie, la prostituée blanche, comme le Noir, innocent mais poursuivi par les Blancs et qui vient lui demander de le cacher, sont les victimes de cette société inique. Inaptes à dénoncer leur aliénation, ils sont incapables de se protéger ou de se libérer, tandis que les Blancs détiennent tous les biens: la richesse, le pouvoir, la morale et surtout la démagogie pour tout assujettir à leur profit.

Extrait: *Lizzie*

Adieu. (Ils sortent). Elle reste écrasée, puis se précipite vers la porte.) Sénateur! Je ne veux pas! Déchirez le papier! Sénateur! Je ne veux pas. Déchirez le papier! Sénateur! (Elle revient sur la scène, prend l'aspirateur machinalement.) La nation américaine! (Elle met le contact.) J'ai comme une idée qu'ils m'ont roulée!

Elle manœuvre l'aspirateur avec rage.

Lecture à partager, lecture pour soi.

Traduction: Sartre, Jean Paul (1971): Die ehrbare Dirne, Ditzingen (Reclam).

De Sartre on pourrait aussi lire: *Les jeux sont faits, *Huis clos, Les mains sales, Morts sans sépulture, Les Mouches, Les Mots.

Quand j'étais soldate

Roman de Valérie Zenatti (née en 1970 en France), publié à *L'école des loisirs*, médium, 2002.

Il s'agit du témoignage autobiographique d'une jeune femme qui vit en Israël et raconte les deux années de service militaire obligatoire qu'elle a accompli entre 1988 et 1990.

Valérie, née à Nice, vit à Beer-Sheva, dans le désert du Néguev depuis l'âge de douze ans. Comme tous les jeunes, filles et garçons, à 18 ans elle entre dans *Tsahal* (Armée de Défense d'Israël). Valérie est anxieuse.

Là-bas, le premier jour, les filles sont rapidement prises en charge, ordres, distribution de vêtements, numéro de matricule – le 3810159 est dorénavant la seule identité de Valérie et elle doit l'apprendre par cœur – deux minutes pour choisir son lit, déballer ses affaires, s'organiser sous tente, vingt minutes pour manger – et le repas est peu ragoûtant, les toutes nouvelles soldates font la grimace – enfin à 22 heures 30, les filles s'écroulent sur leur lit, épuisées et s'endorment aussitôt.

Puis les journées se suivent et Valérie note qu'on lui enlève toute velléité de penser. Elle est affectée aux services de renseignements. La formation aux services secrets est aussi intense que fascinante. Les permissions sont courtes, la fatigue permanente et les trajets en bus en fin de semaine harassants et pénibles. Valérie doute souvent du sens et de l'utilité de cet activisme. Ainsi un jour, en rentrant de permission, elle choisit de prendre le bus qui traverse les villages arabes et prend conscience, avec stupéfaction, du délabrement et de la misère des maisons. Collée à la vitre, Valérie pense à tous ses compatriotes qui, jamais, n'ont traversé un village palestinien.

Actuellement, Valérie Zenatti vit en France.

Extrait: *Eh bien il faudrait qu'on cesse de dominer un autre peuple, il faudrait que l'on quitte la Judée, la Samarie, Gaza. Ensuite, on pourra s'attaquer sérieusement aux problèmes de ce pays. Et on n'acceptera plus que des gens reçoivent des salaires de misère tandis que d'autres ne savent plus que faire de leurs actions. Ce devait être un pays juif et socialiste? Qu'il le soit réellement!*

Lecture de vacances.

De Valérie Zenatti on pourrait aussi lire: Une bouteille dans la mer de Gaza.

> *J'avais acheté une casquette en chemin. Pas de livre encore. Je n'en éprouvais pas le besoin. On a bien le temps de lire.*
> Christian Oster, Une femme de ménage

Quatre fleuves (Les)

Récit de Fred Vargas (née en 1957 à Paris) et dessins de Baudoin, publié à Paris chez Viviane Hamy en 2000.

Ce n'est pas vraiment une BD, ni un livre illustré, mais quelque chose entre les deux. Ou un dialogue entre l'écrivain et l'illustrateur qui se passent et repassent la plume, écrivent et dessinent à tour de rôle et parfois dans la même image. Et c'est l'un des attraits du livre.

Tout commence place Saint Michel à Paris, où Vincent et Grégoire ont rendez-vous. Vincent est un jeune malfrat de petite envergure et Grégoire vit sur ses rollers tout en ramassant des capsules pour son père qui les utilise pour construire la fontaine des quatre fleuves. Vincent et Grégoire délestent un vieux de sa sacoche dans laquelle ils trouvent 30.000 francs et une petite boîte avec des dents humaines, des mèches de cheveux, des livres ésotériques et diverses cartes personnelles. Peu de temps après ce vol, Vincent est retrouvé mort dans sa chambre, lacéré de coups de couteaux avec quatre petites estafilades bizarres au-dessus de la cuisse gauche.

Le commissaire Adamsberg est chargé de l'affaire. Ces estafilades singulières lui rappellent d'autres marques semblables dont l'origine n'a jamais été élucidée. Il mettra un bout de temps pour remonter le fil des événements, mais... on ne dévoile pas une intrigue policière.

Extrait: – *Elle avance bien sa fontaine. Elle est belle. Et je vais te dire une chose, Guillaume. C'est même le plus beau truc que j'aie jamais vu.*
– Remarque, on a pas vu beaucoup de trucs. Même, on a vu presque rien.
– Ouais, c'est vrai. Il dit qu'elle sera finie dans six mois. T'y crois?
– Ajoute un an. Et tu sais ce qu'il fera, quand il aura fini les quatre fleuves?
– Il bossera?

Lecture pour soi.

De Fred Vargas on pourrait aussi lire: *Sans feu ni lieu, Ceux qui vont mourir te saluent, L'homme à l'envers, Un peu plus loin sur la droite, Debout les morts, Pars vite et reviens tard.

> *Je lisais la «vraie» littérature, et je recopiais des phrases, des vers, qui, je croyais, exprimaient mon «âme», l'indicible de ma vie, comme «Le bonheur est un dieu qui marche les mains vides»... (Henri de Régnier).*
> La place, Annie Ernaux

Quatre soldats

Roman de Hubert Mingarelli (né en 1956 en Lorraine), publié à Paris au Seuil en 2003, *Points*.

La Russie en 1919. L'Armée Rouge est en déroute. Au sortir de l'hiver passé dans la forêt – il a été très dur, mais on n'en parle pas – les soldats continuent leur route, puis s'installent plus loin. Quatre soldats se sont liés d'amitié: Bénia, c'est celui qui beaucoup plus tard deviendra le narrateur. Pavel, le plus débrouillard, prend les initiatives. Kyabine, le grand Ouzbek, porte les charges et encaisse toutes les moqueries. Sifra, au regard si doux, excelle à remonter un fusil les yeux fermés. Le temps passe lentement. Il y a les parties de dés, les cigarettes perdues ou gagnées au jeu, le thé partagé dont on garde le goût longtemps dans la bouche, les nuits perturbées par les terribles cauchemars de Pavel qui réveille alors le narrateur et l'entraîne dans la nuit. Et puis la montre qu'ils se passent à tour de rôle, car elle contient l'image d'une belle femme. Mais ce sont surtout les journées au bord de l'étang, – moments calmes et heureux, passés à se baigner, dormir ou regarder les nuages passer. Une parenthèse de profond bonheur dans cette vie incertaine.

Quand le sergent Ermakov leur amène Edvokim, ils rechignent à l'accueillir. Mais le gosse Edvokim écrit sans cesse dans son petit carnet. Il écrit tout ce qu'il voit, dit-il. Les quatre soldats sont fascinés et chacun lui demande d'y retenir ce qu'ils a de plus précieux.

Peu de mots entre eux, beaucoup de délicatesse et une grande sensibilité humaine pour combattre le désespoir.

Extrait: *Le gosse Evdokim a branlé la tête et Pavel a dit encore:*
– *C'est ça, on est triste et tout parce qu'ici on a passé de bons moments, de sacrés bons moments, et on sait qu'on n'en passera plus, et où on va non plus, on n'en passera plus de bons moments, tout ça maintenant c'est derrière nous, tu as compris, et c'est ce que tu dois écrire.*

Puis il s'est tourné vers le gosse Edvokim et lui a souri avec bienveillance, et d'une voix tendue il a dit:
– *Oui, on aimerait que tu l'écrives.*

Lecture à partager, lecture pour soi.

De Hubert Mingarelli on pourrait aussi lire: La dernière neige, La beauté des loutres.

Quoi de neuf sur la guerre?

Roman de Robert Bober (né en 1931 à Berlin, vit à Paris), publié à Paris chez P.O.L. en 1993, *Folio, bibliothèque Gallimard.*

1946, peu après la deuxième guerre mondiale, dans un petit atelier de confection (métier traditionnellement juif), rue Turenne, à Paris. Il y a monsieur Albert le patron, Léa sa femme, Raphaël et Betty leurs enfants et les employés, Maurice rescapé d'Auschwitz, Charles dont la femme et les enfants n'en sont pas revenus, Léon qui aime le théâtre, Madame Andrée et Jacqueline.

A l'atelier, il n'est jamais ouvertement question de la guerre. Chacun tient sa propre blessure cachée, se penche pudiquement sur son travail et se tait. Parfois le drame inopinément éclate ou alors on se réfugie dans l'humour noir. Les enfants, Raphaël et Betty, renouent avec le quotidien, l'école, la colonie de vacances où ils rencontrent d'autres enfants qui n'ont pas, comme eux, la chance d'avoir une famille intacte.

1981-82. Au cimetière juif de Bagneux, les tombes sont recouvertes de graffitis. 35 ans plus tard, tout recommence, pense Raphaël. Il est devenu photographe et retient tout, à l'aide de sa caméra, pour lutter contre une mémoire déficiente.

Le roman de Robert Bober nous introduit avec une grande retenue dans le milieu juif des petites gens du quartier du Marais. C'est aussi un recueil d'histoires douloureuses, terrifiantes ou tendres où le monde des enfants n'est pas épargné.

Extrait: *Mon nom, c'est Abramowicz. Maurice Abramowicz. Ici, à l'atelier, on m'appelle Abramauschwitz. Au début parce que ça nous faisait rire. Maintenant, c'est plutôt par habitude. C'est Léon le presseur qui avait trouvé ça. Pas tout de suite, il n'avait pas osé. Parce que tout de même un ancien déporté, c'est d'abord un ancien déporté même si c'est un bon mécanicien.*

Lecture à partager, lecture pour soi.

Traduction: Bober, Robert (1995): Was gibt's Neues vom Krieg?, München (Kunstmann).

Film: Un monde presque paisible de Michel Deville 2002 (d'après le roman de Robert Bober, mais sensiblement différent. Il manque notamment la deuxième partie du livre).

De Robert Bober on pourrait aussi lire: Berg et Beck.

Respire

Roman d'Anne-Sophie Brasme (née en 1984 en France), publié à Paris chez Fayard en 2001, *Folio*.

Anne-Sophie Brasme a seize ans, quand elle écrit ce premier roman.
Charlène Boher, 19 ans, évoque les nuits de silence éprouvantes de la prison où elle se trouve depuis deux ans et décide de raconter ce qui s'est passé et comment elle en est arrivée là.
Respirer. Pour vivre, il faut respirer et Charlène, qui souffre d'asthme, risque sa vie lors d'une course à pied en se retenant de reprendre son souffle à temps. Elle déteste sa vie et ne trouve pas sa place au milieu des autres.
Aimer et être aimée. Mais Sarah, une nouvelle camarade de classe, la sauve. Point de mire de tous, elle est belle, sûre d'elle et plaît. Elle devient son amie. Dorénavant, Charlène est prête à affronter la vie, elle est prête à revivre, à respirer dans le sillage de Sarah, à ne respirer que pour elle.
Perdre la partie. Ce bonheur sera de courte durée. A la rentrée, Sarah a changé. Pendant l'été, elle a grandi, elle a changé de copains, fréquente de nouvelles copines. Charlène se sent délaissée, méprisée. Charlène entre dans une dépendance maladive et pernicieuse qui l'étouffe et l'enchaîne jusqu'à la révolte finale.
Les problèmes évoqués sont ceux de tous les adolescents, les relations d'amour et d'amitié, les rapports aux autres, l'incompréhension des adultes, les heurts inévitables.

Extrait: *Je subissais Sarah, ses regards, ses reproches, ses silences, ses absences. Chacun de ses gestes devenait une torture. Pour la satisfaire, il me suffisait simplement de me taire. Je pensais qu'en baissant les yeux à chaque remarque désagréable qu'elle me lançait au visage, je finirais par regagner son amitié.*

Lecture de vacances.

Traduction: Brasme, Anne-Sophie (2002): Dich schlafen sehen, München (Goldmann).

> *– Encore en train de lire, Da Silva? tonna Rodrigues. Tu devrais arrêter, ça peut être dangereux. Lire rend humaniste. Et l'humanisme n'a jamais fait bon ménage avec le commerce.*
> Amazone, Maxence Fermine

Rhinocéros

Pièce de théâtre d'Eugène Ionesco (1912 en Roumanie – 1994 à Paris), publiée à Paris à la N.R.F. en 1959, *Folio*.

Dimanche matin dans une paisible ville de province. Jean et Bérenger prennent l'apéritif. Jean, propre et net, défend la morale et le principe de volonté et reproche à Bérenger son laisser-aller vestimentaire, son penchant pour la boisson. Ceci n'est que la manifestation de son malaise dans la vie, répond Bérenger. Lorsqu'un rhinocéros passe, c'est l'émoi parmi les consommateurs et les passants. Jean s'agace de cette chose inconcevable qui fait désordre, Bérenger reste impassible, indifférent.

Au fil des jours, les rhinocéros se multiplient dans la ville. L'un après l'autre, les collègues de travail de Bérenger se transforment en rhinocéros. Même Jean abandonne sa morale qu'il juge dorénavant périmée et prône les lois de la nature. Bérenger, se réveillant de sa torpeur, décide de lutter. Mais il se retrouve seul, face à une humanité sous l'emprise de la rhinocérite.

Ionesco exprime ici son angoisse face à la nazification qu'il a vécue en Roumanie dans les années trente. Mais la pièce permet évidemment une réflexion sur toutes les emprises totalitaires et la déshumanisation de la pensée et de l'action.

Extrait: *Bérenger. – Si cela s'était passé ailleurs, dans un autre pays, et qu'on eût appris cela par les journaux, on pourrait discuter paisiblement de la chose, étudier la question sur toutes ses faces, en tirer objectivement des conclusions. On organiserait des débats académiques, on ferait venir des savants, des écrivains, des hommes de loi, des femmes savantes, des artistes. Des hommes de la rue aussi, ce serait intéressant, passionnant, instructif. Mais quand vous êtes pris vous-même dans l'événement, quand vous êtes mis tout à coup devant la réalité brutale des faits, on ne peut pas ne pas se sentir concerné directement, on est trop violemment surpris pour garder tout son sang-froid. Moi, je suis surpris, je suis surpris, je suis surpris! Je n'en reviens pas.*

Lecture à partager, lecture pour soi.

Traduction: Ionesco, Eugène (1964): Die Nashörner, Frankfurt (Fischer Tb).

D'Eugène Ionesco on pourrait aussi lire: Les chaises (théâtre), La cantatrice chauve (théâtre), Le roi se meurt (théâtre), La leçon (théâtre), La photo du colonel (nouvelles).

Rochers de poudre d'or (Les)

Roman de Nathacha Appanah-Mouriquand (née en 1973 à l'île Maurice, vit en France), publié à Paris chez Gallimard en 2003.

1892. En Inde, colonie britannique, règne une grande pauvreté. Chacun rêve de gagner l'île Maurice, cette île que l'on dit fertile où on leur promet du travail et une vie facile: ils ont tous une bonne raison pour partir. Badri, joueur invétéré, a perdu au jeu et ne peut rentrer au village, Chotty croule sous le joug et doit rembourser la dette de son père, Vythee aimerait retrouver son frère qui l'attend là-bas, Ganga, jeune veuve, refuse de suivre son mari décédé sur le bûcher comme la coutume l'exige. Tous signent un contrat qu'ils ne savent pas lire et sont embarqués à Calcutta sur *l'Atlas* pour une traversée mouvementée. La dysenterie sévit, la tempête gronde, la nourriture est insuffisante, le médecin de bord devient fou.

A Maurice, les patrons français attendent les nouveaux travailleurs et les prennent en charge. L'esclavage est aboli et pourtant les nouveaux travailleurs ne sont pas mieux traités que les esclaves. On empêche Vythee de rejoindre son frère. Avec Ganga qui passe pour sa femme, il est embarqué par Hyppolite Rivière chez qui ils vont couper la canne à sucre. Très rapidement, les attentes des nouveaux arrivants sont trahies. Le climat est rude, les Indiens n'ont pas l'habitude de ce travail harassant. Aucun d'eux n'a gagné au change.

Roman historique, fondé sur des faits authentiques, il apporte un éclairage peu connu sur la déportation des Indiens à l'île Maurice.

Extrait: *– Eh bien, tu feras plus que ça! Tu vois ce papier que m'a donné le sahib au gros ventre? C'est ton contrat. Tu vois, c'est ton nom, là. Tu ne sais pas lire? C'est pas grave. Il est écrit que tu gagneras beaucoup d'argent en travaillant peu. Tu auras aussi à manger et tu seras logé. Alors, Badri Sahu, est-ce que tu veux être un bon Indien?*
– Oui, sahib. Je suis d'accord pour ce que vous venez de lire.

Lecture pour soi.

De Nathacha Appanah-Mouriquand on pourrait aussi lire: Blue Bay Palace.

Ronde et autres faits divers (La)

Recueil de nouvelles de J.M.G. Le Clézio (né en 1940 à Nice), publié à Paris chez Gallimard en 1982, *Folio*.

Onze nouvelles, évoquant l'univers d'êtres vulnérables, adolescents à la dérive ou immigrés fuyant un danger imminent. David quitte sa mère tôt le matin, longe le rio sec pour aller chercher Edouard, son frère aîné disparu dans la ville nouvelle où il pense le retrouver (*David*). Pouce et Poussy abandonnent la couture trop monotone et partent, sans argent, vivre leur vie en stop en Italie (*La grande vie*) et Christine (*Ariane)* sans soupçonner le danger qu'elle court, rentre chez elle le soir dans sa terne banlieue.

Le milieu urbain est un lieu de désastre: Christine se fait violer dans la cave de son HLM (*Ariane*), David fait des rencontres inquiétantes le soir autour du centre commercial (*David*), enfin Titi et Martine provoquent un accident tragique (*La ronde*). D'autres, pour échapper à leur solitude, sont en quête d'un havre sécurisant, Annah (*Orlamonde*) se réfugie dans les ruines d'Orlamonde, Gérard Estève *(Villa Aurore)* tente de renouer avec la villa Aurore de son enfance, mais ces lieux aussi sont trompeurs.

Les personnages du recueil, tous en proie à une grande solitude, sont abandonnés dans un monde distant et peu accueillant. Leurs histoires pourraient se trouver dans la rubrique des faits divers, ainsi que le suggère le sous-titre du recueil.

Extrait: *C'est cela, partir pour ne jamais revenir. Le cœur de David se serre un peu, parce qu'il se souvient des paroles de son frère Edouard, avant qu'il ne parte: «Un jour, je m'en irai, et jamais plus vous ne me reverrez.» Il avait dit cela sans forfanterie, mais avec le regard si plein de sombre désespoir que David était allé se cacher dans l'alcôve pour pleurer. C'est toujours terrible de dire les choses, et puis de les faire.*

Lecture à partager, lecture pour soi.

De Le Clézio on pourrait aussi lire: *Etoile errante, *Poisson d'or, *Hasard *suivi d'*Angoli Mala, Mondo et autres histoires, La Quarantaine, Onitsha.

Salon Pompadour (Le)

Roman de Sylviane Roche (née en 1949 à Paris, vit à Lausanne), publié à Yvonand chez Bernard Campiche en 1990.

Paris au début du vingtième siècle. La famille de Rosine Cohen fait partie de la bourgeoisie juive du Faubourg Saint-Antoine. Son père y a fait fortune dans le commerce de diamants. Il règne en mari et père autoritaire sur sa femme et ses six enfants. Rosine se promet d'échapper à sa domination en acceptant d'épouser Henri Heumann. Elle ne l'aime pas, mais se réjouit de l'accompagner à l'opéra, aspire à collaborer avec lui dans son magasin d'ameublement pour faire de la décoration d'appartement. Mais Henri refuse. Ce qu'on attend de Rosine, c'est de faire des enfants. Elle en aura quatre, Alice, Thérèse, Georges et Paul. Chaque accouchement sera un cauchemar, jamais elle ne sera heureuse. Toutes ses tentatives de révolte tourneront court. Au début du vingtième siècle, le rôle de la femme n'était certes pas de chercher l'indépendance.

Le récit commence avec l'anniversaire de Rosine Heumann qui fête ses 85 ans. Elle retrouve la photo prise par le photographe le jour de ses fiançailles, lorsqu'elle s'était coupé cette boucle de cheveux et que son père, en signe de représailles, lui avait jeté les ciseaux à la tête. Rosine se remémore à cette occasion les faits saillants de sa vie.

En lisant l'arbre généalogique en fin de livre, on découvre que Rosine Heumann est l'arrière-grand-mère de Sylviane Roche.

Extrait: *Tu sais ce qui serait gentil? C'est que tu me permettes de travailler avec toi. J'aurais un petit bureau au-dessus du magasin. Je dessinerais des meubles, j'irais voir les fournisseurs, je conseillerais les clients...*

Henri avait éclaté de rire.

– Voilà ma rêveuse qui rêve! Toi, travailler? Mais ce n'est pas convenable! que diraient les gens? Et les clients? Et tu te vois courant toute la journée les ateliers du Faubourg? et le soir, rue de Lappe, peut-être?

Lecture à partager, lecture pour soi.

Traduction: Roche, Sylviane (1995): Der Salon Pompadour, Düsseldorf (Benziger).

De Sylviane Roche on pourrait aussi lire: *L'Italienne, *Le temps des cerises, Les Passantes (nouvelles).

Sans feu ni lieu

Roman policier de Fred Vargas (née en 1957 à Paris), publié à Paris chez Viviane Hamy en 1997, *J'ai lu*.

Clément Vauquer, accordéoniste un peu restreint d'esprit, est accusé de l'assassinat de deux femmes. Cela ne tient pas debout, se dit Louis Kehlweiler, policier à la retraite. Il connaît bien la vieille Marthe qui a recueilli Vauquer. Elle ne saurait protéger un criminel. Il lui faut donc retrouver les vrais meurtriers. Pour éloigner Clément, Louis Kehlweiler le cache chez Marc, Lucien et Matthias, trois jeunes historiens fort sympathiques et au chômage. Ils sont débrouillards et chacun a trouvé à se recycler dans le domaine qui lui convient. Marc, par exemple, fait des ménages et du repassage.

De Paris à Nevers, où Clément a travaillé, Louis Kehlweiler nous entraîne dans une enquête embrouillée, où les poèmes de Nerval ont leur rôle à jouer.

Fred Vargas montre beaucoup de tendresse pour toutes les singularités de ses personnages. Ainsi le compagnon de Louis Kehlweiler est Bufo, un crapaud domestique. Et puis savez-vous pourquoi les pâtes refroidissent si vite, mais pas le chou-fleur? Voilà le genre de questions que se pose Marthe, ancienne prostituée et protectrice de Clément.

Extrait: – *Ne viens pas avant huit heures, je serai au travail.*
– C'est vrai, dit Louis en se rasseyant. Il paraît que tu as trouvé du travail? Dans le Moyen Âge?
– Pas dans le Moyen Âge. Dans les ménages.
– Les ménages? Qu'est-ce que tu veux dire?
– Je parle français par-devers moi, Louis. Les ménages. Depuis trois semaines, je suis femme de ménage à deux tiers temps. Aspiration, époussetage, cirage, lustrage, lavage, rinçage. Et j'emporte aussi du repassage à faire à la maison. Et c'est toi, à présent, qui as une tête de bonne sœur. Va réfléchir chez ton divisionnaire, moi, j'ai des carreaux qui m'attendent.

Lecture à partager, lecture pour soi.

Traduction: Vargas, Fred (1999): Der untröstliche Wittwer von Montparnasse, Berlin (Aufbau).

De Fred Vargas on pourrait aussi lire: *Les quatre fleuves, Ceux qui vont mourir te saluent, Un peu plus loin sur la droite, L'homme aux cercles bleus, Pars vite et reviens tard.

Scaphandre et le papillon (Le)

Récit de Jean-Dominique Baudy (1953-1997), publié à Paris chez Robert Laffont en 1997, *Pocket*.

Le narrateur, Jean-Dominique Baudy, est rédacteur en chef de l'hebdomadaire ELLE, à Paris, lorsqu'il tombe dans le coma, à la suite d'un accident cardiovasculaire qui le laisse entièrement paralysé. Dorénavant, il ne peut communiquer avec le monde extérieur qu'en clignant de la paupière gauche. Il appelle *scaphandre* cet étau qui l'enserre, l'oppresse, l'empêche absolument de bouger. Et *papillon*, la possibilité qui lui reste de laisser vagabonder son esprit dans le temps et dans l'espace de ses souvenirs. Car c'est la seule indépendance qui lui reste.

Grâce à l'aide de Claude, il parviendra à dicter ce témoignage. Claude égrène tout l'alphabet, note les lettres qui font battre la paupière de Jean-Dominique Baudy et écrit les mots, puis les phrases qui se forment. C'est de cette manière aussi qu'il communique avec les autres personnes de son entourage.

Le récit de Jean-Dominique Baudy contient aussi bien l'évolution et la douleur de sa maladie, les maladresses du personnel soignant – un infirmier éteint la télé au milieu du match en lui souhaitant bonne nuit! –, la sensibilité de son entourage, les visites de sa famille et de ses amis que des souvenirs de la vie d'avant. Témoignage poignant d'un homme qui passe subitement d'une vie très active à une immobilité totale.

Extrait: *E S A R I N T U L O M D P C F B V H G J Q Z Y X K W l'apparent désordre de ce joyeux défilé n'est pas le fruit du hasard mais de savants calculs. Plutôt qu'un alphabet, c'est un hit-parade où chaque lettre est classée en fonction de sa fréquence dans la langue française. Ainsi, le E caracole en tête et le W s'accroche pour ne pas être lâché par le peloton. Le B boude d'avoir été relégué près du V avec lequel on le confond sans cesse.*

Lecture à partager, lecture pour soi.

Traduction: Baudy, Jean-Dominique (1997): Schmetterling und Taucherglocke, Berlin (dtv).

Moi, hélas je ne lis pas. C'est ma femme qui lit pour moi. Je ne lis pas, mais j'ai l'expérience de la vie, de ce qui est visible et de ce qui ne l'est pas.
Le premier amour est toujours le dernier, Tahar Ben Jelloun

Si le soleil ne revenait pas

Roman de C.-F. Ramuz (1878 à Lausanne – 1947 à Lausanne), publié chez Henri-Louis Mermod en 1937.

Saint-Martin-d'En-Haut est un village du Valais si encastré dans la montagne qu'on n'y voit pas le soleil pendant les longs mois d'hiver. Cette année-là, le vieil Anzevui, sage et guérisseur très écouté, a lu dans les livres que le soleil ne reviendra pas au printemps prochain. Inquiets, les villageois discutent de sa prédiction. Les uns, terrifiés, font des provisions et se préparent à se terrer chez eux. D'autres, plus malins, en profitent pour faire de bonnes affaires. Parmi les jeunes qui refusent de se laisser gagner par le pessimisme ambiant, Isabelle est la plus décidée. Elle se coud une robe en prévision de la fête du printemps, encourage Augustin, son peureux de mari, à ne pas se laisser aller et à l'accompagner pour accueillir et fêter le retour du soleil.

C'est un roman sur le conflit des générations: les vieux déprimés et entêtés face aux jeunes plus optimistes et courageux. Mais aussi sur les réactions humaines face aux forces de la nature. Et puis c'est une femme, Isabelle, qui incarne le bon sens et l'espoir.

Extrait: – *Oh! Augustin, est-ce que tu es muet? ou bien est-ce que tu ne m'entends pas? C'est comme si je te parlais du haut d'une montagne et, toi, tu serais dans le bas. Comme si je t'appelais d'un côté de la vallée et, toi, tu serais de l'autre côté. Est-ce qu'on est si loin l'un de l'autre en même temps qu'on est si près? Augustin, tu ne réponds rien: est-ce que tu viendrais avec moi?*

– *Quand ça?*

Elle a fait le compte; elle a dit:

– *Ça doit être le 13, mercredi prochain.*

Il a demandé:

– *Quoi faire?*

– *Aller dire bonjour au soleil, Augustin. Parce qu'il va revenir quand même.*

Lecture à partager, lecture pour soi.

Traduction: Ramuz, C.-F. (1992): Wenn die Sonne nicht wiederkäme, Zürich (Unionsverlag).

Film: Si le soleil ne revenait pas de Claude Goretta, 1987.

De Ramuz on pourrait aussi lire: *Farinet ou la fausse monnaie, *La Beauté sur la Terre, La Grande Peur dans la Montagne, Derborence, Aline.

Si longue lettre (Une)

Roman de Mariama Bâ (1929-1981, au Sénégal), publié à Dakar aux Nouvelles Editions Africaines en 1979, *Le Serpent à Plumes, motifs.*

Le roman se passe au Sénégal, il a pour sujet la polygamie et l'émancipation des femmes.

Après la mort de son mari, Ramatoulaye éprouve le besoin de se confier à son amie d'enfance Aïssatou et lui écrit une longue lettre dans laquelle elle se remémore les années vécues avec son mari.

Ramatoulaye a une grande famille, sa vie a été une lutte permanente pour maintenir en équilibre son travail d'institutrice, sa vie d'épouse et l'éducation de ses enfants.

L'existence de Ramatoulaye a été bouleversée par le deuxième mariage de son mari auquel elle s'est résignée acceptant à ses côtés la présence de Binetou, cette très jeune coépouse et de sa mère rapace et envahissante. Mais elle doit aussi faire face aux problèmes nombreux et inattendus que lui posent ses filles: l'aînée est enceinte, l'autre fume et porte des jeans très serrés!

En regard, on découvre la vie d'Aïssatou qui, pour sa part, a refusé la présence d'une deuxième épouse. Elle a quitté son mari en emmenant ses enfants pour devenir une femme indépendante.

Pleines d'espoir en l'avenir, Ramatoulaye et Aïssatou avaient pourtant toutes deux fait un mariage d'amour. Face à la débâcle de leur union, elles réagissent différemment. L'une se résigne, l'autre part.

Extrait: *Nous, nous avons été méritantes et c'est le chœur de nos louanges chantées à tue-tête. Notre patience à toute épreuve, la largesse de notre cœur, la fréquence de nos cadeaux trouvent leur justification et leur récompense en ce jour. Nos belles-sœurs traitent avec la même égalité trente et cinq ans de vie conjugale. Elles célèbrent, avec la même aisance et les mêmes mots, douze et trois maternités. J'enregistre, courroucée, cette volonté de nivellement qui réjouit la nouvelle belle-mère de Modou.*

Lecture à partager, lecture pour soi.

Traduction: Bâ, Mariama (1983): Ein so langer Brief, ein afrikanisches Frauenschicksal, Frankfurt (Ullstein).

De Mariama Bâ on pourrait aussi lire: Un chant écarlate.

Soldats

Nouvelles de Leïla Sebbar (née en 1940 en Algérie d'un père algérien et d'une mère française, vit à Paris), publiées à Paris au Seuil en 1999, *Points*.

Sept nouvelles qui parcourent les pays où la guerre sévit, les lieux où l'absurdité de la violence se manifeste de manière aiguë, que ce soit le Cambodge des Khmers rouges, l'Algérie, la Somalie, Israël, la Palestine, la Russie, ou Sarajevo. Et toujours les femmes, les enfants, les êtres les plus vulnérables en sont les premières victimes vouées à l'exil et au malheur.

La cause du peuple s'ouvre sur une exposition de photos de guerre. Mais la photo est-elle un art de guerre? A-t-on le droit de tout photographier? Quelles sont la responsabilité et la liberté du photographe? Qui commande la photo de guerre et dans quel objectif? Dans *Somalie* les enfants meurent de faim et de faiblesse, alors que, dans le port, les bateaux chargés du «Riz des enfants de France» attendent et que les pillards rôdent. On a beau appeler «Folles» les mères d'Algérie, d'Argentine ou de Russie, toutes souffrent pour leurs enfants et se battent avec la force du désespoir pour les retrouver (*Les mères).*

Les thèmes du recueil: l'homme pris dans l'engrenage de la guerre, les femmes et leur lutte face à la guerre, la perte de l'enfance, de l'innocence et de l'identité.

Leïla Sebbar dénonce la responsabilité des hommes dans le déclenchement de la violence et de la guerre.

Extrait: *L'oncle lui disait, lorsqu'ils travaillaient ensemble dans le laboratoire: «Celui qui photographie ce qui se voit n'est pas un photographe, c'est celui qui photographie ce qu'il voit, lui, qui est peut-être un vrai photographe, tu comprends?» Il a compris dès qu'il a eu le premier appareil, le plus moderne, le plus beau, le cadeau de l'oncle. Quand ils sont venus arrêter son père et son oncle, il l'a caché. Il sait où. Il le retrouvera. Il a photographié les hommes, le commando des Khmers rouges, les assassins de son père et de son oncle.*

Lecture pour soi.

De Leïla Sebbar on pourrait aussi lire: *La jeune fille au balcon (nouvelles), Une enfance algérienne (Textes inédits recueillis par Leïla Sebbar), Une enfance d'ailleurs, 17 écrivains racontent, Je ne parle pas la langue de mon père.

Sorcière (La)

Roman de Marie Ndiaye (née en France en 1968 d'un père sénégalais et d'une mère française, vit en France), publié à Paris aux éditions de Minuit en 1996, *Double*.

Lucie mène une vie calme et apparemment heureuse dans un coquet pavillon de banlieue avec son mari Pierrot et les jumelles Maud et Lise, deux adolescentes d'une douzaine d'années. Pierrot porte un costume gris perle et vend, au Garden-Club, des semaines de vacances aux clients.

Mais tout commence à se déglinguer à partir du moment où Lucie décide de transmettre à ses filles les connaissances de sorcellerie que sa mère lui a léguées. Elles acceptent docilement, y prennent rapidement goût, dépassent bientôt leur mère en savoir et s'envolent sous forme de deux corneilles laissant leurs petites bottes rouges et bleues près de Lucie un peu désemparée.

Et peu à peu, le reste de la vie de Lucie se désagrège aussi. Pierrot la quitte et ses filles sont définitivement loin. Lucie se retrouve seule et désorientée avec son petit don de sorcellerie, devenu dorénavant inutile. Elle décide alors d'aller à Paris pour réconcilier ses parents séparés après trente ans de vie commune. Puis elle se fera engager dans *l'université féminine de la pensée spirituelle* d'Isabelle où elle enseignera la sorcellerie. Mais toutes les tentatives de Lucie pour mettre un peu d'ordre dans sa vie à elle et dans celle des autres échouent lamentablement.

Malgré ses apparences insolites, le roman nous parle de la vie d'aujourd'hui, de la solitude, du manque d'amour et de ses existences exclusivement vouées aux apparences.

Extrait: – *Vous savez, ce don peut être utile dans la vie, dis-je, voulant flatter leur goût de l'efficacité. Mais je n'allais pas plus loin. N'ayant moi-même qu'une faible aptitude, juste assez de puissance, semblait-il, pour que le don ne fût pas perdu, qu'il perdurât par mes soins, je ne pouvais leur donner l'exemple d'aucune situation où celui-ci m'eût rendu service.*

Lecture à partager, lecture pour soi.

Traduction: Ndiaye, Marie (1997): Die Hexe, München (Kunstmann).

De Marie Ndiaye on pourrait aussi lire: *Papa doit manger, En famille, Rosie Carpe, Tous mes amis (nouvelles).

Sourire du chat (Le)

Roman de François Maspero (né en 1932 à Paris), publié à Paris au Seuil en 1984, *Points*.

L'histoire se passe entre mai 1944 et mai 1945 dans la région parisienne. Dans la famille, on l'appelle le Chat. Comme le chat, Luc est solitaire, rusé et affectueux. Solitaire, il l'est depuis qu'Antoine, son frère aîné qui lui a appris les choses essentielles de la vie, a disparu. Sans Antoine, et dorénavant abandonné à lui-même pour déchiffrer le monde, Luc doit se trouver de nouveaux repères. Et ce n'est pas facile, car son père, un éminent sinologue, et sa mère ont eux aussi disparu: arrêtés et déportés. Il reste à Luc une tante, très collet monté, et sa grand-mère, Lady Ponte-Serra, digne vieille dame d'un autre monde qui le chérit beaucoup. Rusé, Luc profite de la situation embrouillée pour acquérir quelques libertés et partir à la recherche de son frère qui se serait engagé dans l'armée de libération.

Antoine et le père de Luc sont morts, seule sa mère rentrera de déportation. Face à ces drames familiaux, l'adolescent se ferme ou réagit avec véhémence, de sorte qu'on le soupçonne d'être sans cœur.

Cette année est décisive pour la formation de l'adolescent.
Le roman comporte quelque ressemblance avec le vécu de l'auteur, cependant François Maspero se défend d'avoir écrit simplement une autobiographie.

Extrait: *J'apprendrai certainement encore beaucoup de choses; mais je ne serai jamais plus intelligent qu'aujourd'hui. Je ne comprendrai pas mieux que maintenant. Surtout si Antoine n'est pas là. Sans lui je ne pourrai que survivre en me débrouillant. Je me débrouillerai. Je ne serai plus jamais un enfant, je ne serai jamais une vraie grande personne. Je m'appliquerai à faire semblant. Je serai toujours assez fort pour leur ressembler. Je tricherai, c'est tout: personne ne s'en apercevra, sauf moi.*

Lecture à partager, lecture pour soi.

Traduction: Maspero, François (1989): Das Lächeln der Katze, München (Piper).

De François Maspero on pourrait aussi lire: *Le temps des Italiens, Les Passagers du Roissy-Express.

Station Victoria

Roman d'Anne Cuneo (née en 1934 à Paris), publié à Orbe chez Bernard Campiche en 1989, à Paris chez Denoël en 1998.

1956 en Angleterre. C'est le règne du rock, du pianiste aveugle Ray Charles, du chanteur de rock'n roll Gene Vincent et de la star de cinéma James Dean.

Amalia Gasparini a 14 ans. Elle vit dans un orphelinat près de Lausanne et n'a qu'un seul désir: apprendre l'anglais et la danse pour épouser Gene Kelly, le célèbre acteur américain.

Lorsqu'elle se retrouve seule à la gare de Londres, sans le sou, elle prend conscience de sa folie. Mais, par chance, elle est recueillie par Miss Brown, une vieille dame solitaire. Au contact l'une de l'autre, Amalia autant que Miss Brown s'épanouissent. Amalia apprend l'anglais, l'équitation, découvre le plaisir et l'amour, bref elle vit une période intense et fructueuse mais pas dénuée de problèmes. Miss Brown, de son côté, retrouve le plaisir de vivre que le dénuement et la solitude lui avaient fait perdre.

Roman de formation, roman d'émancipation, Station Victoria est surtout la rencontre entre deux générations, une toute jeune fille curieuse de tout et une dame âgée et originale pleine d'expérience.

Extrait: «*Vous alliez mourir*».

«Oui, tu as raison. J'avais pratiquement arrêté de manger, de nettoyer la maison, de voir des gens. Le jour suivant j'aurais fermé la porte et ouvert le gaz. Ça n'aurait pas fait mal, j'étais prête, je ne regrettais rien, j'avais eu, croyais-je, une vie bien remplie. Je me suis persuadée que mon problème était le manque d'argent, et n'ai jamais pensé que la maison était pleine d'objets de valeur que je pourrais vendre. Ça ne m'arrivera plus jamais, à moins qu'une horrible maladie ne me tue à petit feu ou ne me rende impotente. Tu sais pourquoi? parce que tu es arrivée, tellement débordante d'amour, tu ne demandais rien, tu étais chaleureuse, généreuse. Grâce à toi j'ai découvert ce que c'est que d'être une maman, une grand-mère, d'aimer et d'être aimée sans raison particulière. Si j'étais morte avec ma vie «bien remplie», je n'aurais rien su de tout ça.

Lecture de vacances, lecture à partager, lecture pour soi.

Traduction: Cuneo, Anne (1999): Station Victoria, München (Heyne).

D'Anne Cuneo on pourrait aussi lire: Mortelle maladie, Une cuillerée de bleu, Prague aux doigts de feu, Ame de bronze, D'Or et d'Oublis, Le sourire de Lisa, Hôtel des cœurs brisés.

Stupeur et tremblements

Roman d'Amélie Nothomb (née en 1967 à Kobe, au Japon, vit en Belgique), publié à Paris chez Albin Michel en 1999, *Le Livre de Poche*.

Amélie Nothomb a passé sa petite enfance au Japon. En 1990, elle retourne y travailler dans une grande entreprise.

Dès son premier jour de travail, Amélie-san – mademoiselle Amélie – manque aux règles les plus élémentaires de la hiérarchie nipponne, et de jour en jour, elle s'enferre dans un comportement plus maladroit et peu conforme. La stricte hiérarchie nipponne exige une obéissance sans faille et proscrit toute initiative personnelle. Amélie-san ne parvient jamais à être au diapason de ces innombrables non-dits, son individualisme européen la trahit à chaque instant.

Mais c'est avec la splendide Fubuki Mori, sa supérieure directe, que ses relations sont les plus délicates. Amélie admire en elle sa beauté, sa maîtrise et ses compétences. Les rapports difficiles entre Amélie-san et Fubuki Mori illustrent avec finesse le difficile dialogue entre l'Orient et l'Occident.

Les maladresses d'Amélie-san la condamnent à exécuter des tâches de plus en plus dégradantes. En employée nipponne modèle, elle les accepte sans rechigner et ne s'abaissera pas à donner son congé, ce qui serait le plus grand déshonneur.

Avec ironie et humour, le roman décrit les mœurs et les valeurs nipponnes, tout en effectuant une description assez décapante de l'éducation et des devoirs des femmes.

Extrait: *Dans l'ancien protocole impérial nippon, il est stipulé que l'on s'adressera à l'Empereur avec «stupeur et tremblements». J'ai toujours adoré cette formule qui correspond si bien au jeu des acteurs dans les films de samouraïs, quand ils s'adressent à leur chef, la voix traumatisée par un respect surhumain.*

Je pris donc le masque de la stupeur et je commençais à trembler.

Lecture à partager, lecture pour soi.

Traduction: Nothomb, Amélie (2000): Mit Staunen und Zittern, Zürich (Diogenes).

Film: Stupeur et tremblements d'Alain Corneau, 2002.

D'Amélie Nothomb on pourrait aussi lire: Hygiène de l'assassin, Les Catilinaires, Mercure, Cosmétique de l'ennemi, Le Robert des noms propres, Antéchrista.

T'es pas ma mère

Roman de Prune Berge (née en 1945), publié à Arles chez Actes Sud en 2001, *Babel*.

Ce livre très mince aborde un problème délicat, celui de l'adoption. Il contient dix lettres écrites en quatre ans par trois femmes différentes. Elles sont bouleversantes, car elles transforment leur vie de fond en comble.

La première lettre est adressée par Anne Valio à sa fille Stéphanie Bouvier, abandonnée à sa naissance. Vingt ans plus tard et ayant retrouvé ses traces, Anne Valio cherche à renouer avec elle.

La deuxième lettre écrite par Colette Bouvier, mère adoptive de Stéphanie, est adressée à Anne Valio. Stéphanie a grandi dans un milieu bourgeois et protégé qu'elle supportait mal. Enfant difficile et révoltée, elle a – involontairement – fait souffrir sa mère adoptive, Colette Bouvier.

Chacune des trois femmes raconte son désarroi, son déchirement avec une grande sincérité et beaucoup de sensibilité.

L'échange épistolaire peut paraître un peu désuet aujourd'hui. Cependant, il permet un abandon et une spontanéité que ne permettrait pas un autre moyen d'expression. En peu de mots, en peu de pages, la complexité et la douleur de l'adoption sont mises à nu.

Extrait: *Petite, Stéphanie ne voulait m'aimer de peur de vous trahir, vous, sa vraie mère, qui viendrait un jour la chercher. A un psychanalyste, elle avait raconté qu'elle était un petit chien, passant de bras en bras, mais qu'un jour, sur le paillasson, devant la maison, sa maman l'attendrait.*

Lecture de vacances.

Traduction: Berge, Prune (2002): Du bist nicht meine Mutter, Hamburg (Hoffmann & Campe).

Parfois leur sens nous échappait, mais quand tu ouvrais un livre, même avant de savoir lire, c'était à la fois pour comprendre et pour rêver, t'oublier et te souvenir, voyager loin et revenir tout près.
Tu, c'est l'enfance, Daniel Maximin

Télévision, La

Roman de Jean-Philippe Toussaint (né en 1957 en Belgique), publié aux Editions de Minuit en 1997, *Double*.

Le narrateur, historien d'art, passe l'été, seul, à Berlin, pour rédiger un travail sur le Titien, tandis que sa femme et son fils sont en vacances en Italie. Mais dans la chaleur moite de la ville, il est incapable d'avancer dans son travail.

Le dernier jour du Tour de France, il décide de ne plus regarder la télévision. Pour meubler son temps, il tente de s'adapter aux mœurs locales et va nager, nu comme un ver, dans le petit lac à proximité de chez lui. Puis il arrose (de manière inopportune et aléatoire) les plantes que ses voisins lui ont confiées, retrouve un ami au café Einstein, découvre l'ancienne ville de Berlin et survole la ville dans un petit avion.

Il y a une relation enjouée et pleine d'humour entre le narrateur et la ville de Berlin qui devient étrange et insolite. L'incapacité du narrateur à trouver l'attitude juste le déstabilise. Le monde à travers son regard devient perturbant. Et peut-être nous montre-t-il que l'on ne se révèle véritablement à soi-même que dans un univers qui dérange le quotidien.

Extrait: *Et toujours assis dans le canapé des Drescher, silencieux et pensif, je cherchais un moyen simple et discret de me rendre dans la cuisine pour aller retirer la fougère du réfrigérateur sans attirer leur attention. Je finis par me lever, mis une main dans la poche de mon pantalon (ils durent croire que j'allais partir), et je leur demandai si je pouvais me rendre aux toilettes. J'ajoutai aussitôt, comme si cela allait de soi, pour minimiser ce que ma requête pouvait avoir de saugrenu, que c'était simplement pour aller faire pipi, rien de plus, évidemment.*

Lecture pour soi.

Traduction: Toussaint, Jean-Philippe (2001): Fernsehen, Frankfurt (Suhrkamp Tb).

De Jean-Philippe Toussaint on pourrait aussi lire: *Autoportrait (à l'étranger), La salle de bain, L'appareil-photo.

Lorsqu'elle sortait, elle emportait toujours un livre qu'elle mettait avec le chat dans un petit sac à dos.
Volkswagen blues, Jacques Poulin

Temps des cerises (Le)

Roman de Sylviane Roche (née en 1949 à Paris, vit à Lausanne), publié à Yvonand chez Bernard Campiche en 1997, *CamPoche*.

Paris 1994. Joseph Blumenthal fête ses 75 ans et reçoit un stylomine de ses enfants. C'est alors l'occasion pour lui de réfléchir à sa vie, à ses choix, aux bons et aux mauvais moments et de mettre tout ça par écrit.

D'origine juive polonaise, Joseph Blumenthal a grandi à Paris depuis l'âge de six ans auprès d'un père cordonnier et d'une mère couturière. Dans les années trente, conscient des inégalités sociales et effrayé par les actions de l'extrême droite, il s'engage dans la guerre civile en Espagne. Rentré en France, il entre au parti communiste pour lutter contre le racisme. Pendant la guerre, il travaille dans la Résistance jusqu'à son arrestation en 1944. Ses parents, sa sœur, ses amis sont déportés ou exécutés. Par chance, le parti l'aide à surmonter sa solitude et à donner un sens à sa vie. Et même plus tard, tout en n'adhérant pas à toutes les prises de position du parti, il reste persuadé de la justesse de son choix initial.

Il se souvient aussi des femmes de sa vie, Anna, Mathilde, Solange et des années moins glorieuses où, sous l'emprise de ses problèmes, il s'était mis à boire.

Le roman met en scène une génération qui a investi corps et âme dans sa lutte contre les injustices sociales, le racisme et la guerre et qui a profondément cru à un monde meilleur.

Extrait: *De toute façon, pour moi c'est trop tard, on ne change plus à mon âge. Et puis même si les rêves s'obstinent à se casser la gueule, même si le bonheur n'est pas encore pour demain, même si la voie que nous avons prise n'était pas la bonne, je sais qu'il y en a une et que d'autres la trouveront.*

Je sais qu'il y aura toujours des hommes pour la chercher et pour y croire, et qu'ils finiront par y engager l'humanité.

Il ne faut jamais désespérer.

Lecture à partager, lecture pour soi.

De Sylviane Roche on pourrait aussi lire: *L'Italienne, *Le salon Pompadour, Les Passantes (nouvelles).

– Oh tu sais! Moi..., dit Chick, en dehors de Jean-Sol Partre, je ne lis pas grand-chose.
L'écume des jours, Boris Vian

Temps des Italiens (Le)

Roman de François Maspero (né en 1932 à Paris), publié à Paris au Seuil en 1984, *Points.*

1942. A douze ans, Lise est orpheline. Elle traverse la France pour aller rejoindre ses grands-parents, Virgile et Titine, qui vivent à Pignerol, petit village près de Toulon. C'est la guerre et la région est occupée par les Italiens que Virgile et Titine ont toujours détestés. Or, au grand étonnement de Lise, ils reçoivent chez eux Mario, un lieutenant italien pour écouter avec lui les informations à la radio le soir. Lise s'étonne aussi des mystérieuses sorties nocturnes de son oncle Loup ou des fréquents changements des habitants de la villa des Etrangers. A peine s'est-elle liée d'amitié avec Alice, l'une de ses habitantes, qu'elle disparaît nuitamment avec sa famille. Lorsque Lise se laisse apprivoiser par le lieutenant Mario et qu'il se confie à elle, elle comprendra qu'en tentant de fuir, la famille d'Alice a été arrêtée et déportée.

Après le départ des Italiens, la région est occupée par les Allemands, puis par les Bulgares et les Ukrainiens. La région est saccagée, la vie de plus en plus dure.

Lise, adolescente éveillée mais renfermée, vit alors ses années les plus marquantes. Mais ce n'est que bien des années plus tard, en recherchant les traces du lieutenant Mario, qu'elle comprendra toute l'ampleur des dégâts du passé.

Extrait: *Non, les Français ne les renverraient pas à Wilno. Ils les livreraient aux Allemands qui les expédieraient loin, très loin. Elle ne les reverrait probablement jamais. Mais elle devait absolument se souvenir de leur nom: Spajcz, dit-il. Il le répéta plusieurs fois et l'écrivit sur une feuille arrachée à son carnet qu'il lui donna: Alice et Barbara Spajcz. Il fallait, dit-il encore, il fallait qu'il y ait au moins une personne qui se souvienne d'elles. Il fallait absolument qu'elle, Lise, se souvienne toujours d'elles.*

Lecture à partager, lecture pour soi.

De François Maspero on pourrait aussi lire: *Le sourire du chat, Les Passagers du Roissy-Express.

– *Pourquoi écrivez-vous que lire est une maladie?*
– *Mais parce que ça m'empêche de faire autre chose. Si je n'ai pas de lecture, je sais pas quoi faire.*
Agota Kristof, Le cahier retrouvé, dans Libération 2 septembre 2004

Testament français (Le)

Roman d'Andreï Makine (né en 1957 en Russie, vit en France), publié à Paris au Mercure de France en 1995, *Folio*.

Le narrateur passe ses étés à Saranza, au bord des steppes russes chez sa grand-mère d'origine française. Elle émerveille les enfants de ses récits – le pavillon de Neuilly-sur-Seine que les enfants imaginent comme une isba ou ce petit bistrot calme *Au Ratafia de Neuilly* où le patron sert la boisson dans des coquilles d'argent. Tirant de la valise aux souvenirs photos ou extraits de journaux, elle évoque la mort extraordinaire du président Félix Faure dans les bras de son amante Marguerite Steinheil ou leur montre ce caillou appelé «Verdun». Elle leur apprend à regarder leur pays, l'Union soviétique, d'un regard extérieur. Puis les enfants retournent passer l'hiver à Boïarsk au bord de la Volga, grande ville aux bâtiments staliniens et aux innombrables usines. Là encore, pendant les soirées d'hiver, Charlotte Lemonnier, la grand-mère française est le sujet de discussion de prédilection de tous.

Longtemps après la mort de ses parents, l'adolescent, inapte à la vie réelle, se sent condamné à demeurer dans un entre deux mondes. Puis beaucoup plus tard, lorsqu'à son tour, il vivra en France, il comprendra qu'il doit à sa grand-mère de savoir conserver les souvenirs dans la routine des gestes quotidiens.

A travers la nostalgie de la France, le roman raconte aussi l'histoire de l'union soviétique, la deuxième guerre mondiale et l'époque stalinienne.

Extrait: *C'était cette femme, cette Française égarée dans l'immensité neigeuse de la Russie qui avait appris aux autres le mot qui rendait belle. Ma grand-mère du côté maternel... Elle était née en France, au début du siècle, dans la famille de Norbert et d'Albertine Lemonnier. Le mystère de la «petite pomme» fut probablement la toute première légende qui enchanta notre enfance. Et aussi l'une des premières paroles de cette langue que ma grand-mère appelait en plaisantant – «ta langue grand-maternelle».*

Lecture à partager, lecture pour soi.

Traduction: Makine, Andreï (1999): Das französische Testament, München (Heyne Tb).

D'Andreï Makine on pourrait aussi lire: Au temps du fleuve Amour, La musique d'une vie.

Tour du monde en 20 jours (Le)

Sur les traces de Jules Verne, le récit d'une aventure extraordinaire, un rêve d'enfant devenu réalité.

Récit de voyage de Bertrand Piccard (né en 1958 à Lausanne) et Brian Jones, publié à Paris chez Robert Laffont en 1999, *Pocket*.

1er mars 1999. Bertrand Piccard et Brian Jones quittent Château-d'Oex dans leur ballon Breitling Orbiter III. Vingt jours plus tard, ils se posent dans le désert égyptien. Ils ont réussi le premier tour du monde en ballon. Pour Bertrand Piccard, il s'agit en priorité d'une entreprise pour le plaisir et non pour battre quelque record.

Le journal de leur aventure contient le récit alterné de Bertrand Piccard et de Brian Jones. On partage avec eux les moments d'angoisses, de pessimisme, de doutes, de difficultés ou de joie. Il y a une profonde complicité entre eux et un formidable travail de coopération avec toute l'équipe technique restée à Genève. Avec les deux voyageurs, on survole les paysages les plus variés du globe terrestre et on les suit sans reprendre haleine dans leur étonnant périple.

Cependant, le voyage permet aussi à Bertrand Piccard, psychiatre de profession, d'engager une réflexion sur les différentes réactions de l'homme notamment face à la peur ou à l'angoisse. Il lui permet de lier l'amour de son métier à son plaisir.

Extrait: «*Nous voilà exactement au cœur de ma définition de l'aventure. L'aventure, ce n'est pas forcément quelque chose de spectaculaire. C'est quelque chose d'«extra»-ordinaire, quelque chose qui nous force à sortir des ornières de la routine et des schémas habituels, à remettre en question aussi bien nos certitudes que nos préjugés. C'est ce qui nous oblige de façon inexorable à faire face à l'inconnu et par conséquent à entrer en relation profonde avec nous-mêmes afin d'y trouver les capacités nécessaires pour affronter tous les imprévus. L'aventure est moins dans l'action que dans la façon de vivre l'action.*

Lecture pour soi.

Traduction: Piccard, Bertrand (2001): Mit dem Wind um die Welt, München (Piper).

Tous les matins du monde

Roman de Pascal Quignard (né en 1948 à Verneuil en France), publié à Paris chez Gallimard en 1991, *Folio*.

Dans la Bièvre, non loin de Paris, au dix-septième siècle. Depuis la mort de sa femme, Monsieur de Sainte Colombe vit retiré du monde avec ses deux filles Madeleine et Toinette. Monsieur de Sainte Colombe est un musicien reconnu jusqu'à la cour du roi Louis XIV. Il aime s'isoler dans une cabane de bois qu'il s'est construite au fond du jardin pour y composer et jouer de la viole. Il lui arrive même de recevoir, dans le secret de sa cabane, sa femme décédée et de jouer pour elle ses plus belles compositions. Tout l'oppose au jeune et bouillonnant Marin Marais qui devient son élève et aspire à devenir musicien de cour. Leur conception de la musique est diamétralement opposée. Mais lorsque Monsieur de Sainte Colombe, sur un coup de tête, jette Marin Marais à la porte, celui-ci revient en cachette l'écouter jouer de la viole, car il est ému par la musique du maître.

C'est un roman sur la musique et la création musicale. Mais c'est aussi une histoire sur l'apprentissage de l'amour. Madeleine et Toinette auront toutes deux une relation amoureuse avec Marin Marais, mais ne réagiront pas de la même manière à leur abandon.

Extrait: *Je ne sais pas si je vous donnerai ma fille. Sans doute avez-vous trouvé une place qui est d'un bon rapport. Vous vivez dans un palais et le roi aime les mélodies dont vous entourez ses plaisirs. A mon avis, peu importe qu'on exerce son art dans un grand palais de pierre à cent chambres ou dans une cabane qui branle dans un mûrier. Pour moi il y a quelque chose de plus que l'art, de plus que les doigts, de plus que l'oreille, de plus que l'invention: c'est la vie passionnée que je mène.*
– *Vous vivez une vie passionnée, dit Marin Marais.*

Lecture à partager, lecture pour soi.

Film: Tous les matins du monde d'Alain Corneau, 1991.

De Pascal Quignard on pourrait aussi lire: *L'occupation américaine, Le salon du Wurtemberg.

Traversée de la mangrove

Roman de Maryse Condé (née en 1937 en Guadeloupe), publié à Paris au Mercure de France en 1989, *Folio*.

L'histoire se passe à Rivière au Sel, petit village de la Guadeloupe. Un jour, Léocadie Thimotée, institutrice à la retraite, découvre le cadavre de Francis Sancher sur un sentier dans la forêt. Les hommes le ramènent chez lui où tout le village se retrouve pour la veillée funèbre. Les villageois ont toujours eu des relations ambiguës avec Francis Sancher, on ne l'aimait pas trop. Bien qu'il soit arrivé au village il y a bien des années, Francis Sancher est resté un étranger. De son passé, personne ne sait grand-chose, il vivait à la propriété Alexis que l'on prétend hantée. De surcroît, on dit que Francis Sancher a séduit Mira Lameaulnes, puis Vilma Ramsaran, toutes deux filles de familles riches et respectées du village.

La durée du roman correspond à la nuit de la veillée au cours de laquelle chaque habitant revoit en pensée sa relation avec Francis Sancher. Le narrateur est différent dans chaque chapitre, construisant peu à peu un portrait nuancé du mort depuis son arrivée à Rivière au Sel. Francis Sancher est un homme mystérieux et cultivé, et, tour à tour, les habitants sont attirés par lui, puis repoussés par sa nature complexe. Bien peu parmi eux connaîtront les vrais motifs qui l'ont amené au village et le drame qui a assombri sa vie. Mais on apprendra à connaître, à travers leurs pensées, l'esprit obtus des villageois, leurs luttes de pouvoir et leurs dissensions.

Extrait: *D'autres, comme Aristide, Dinah ou Dodose Pélagie n'étaient pas loin de sentir sourdre en eux une sorte d'affection reconnaissante pour celui qui leur avait donné le courage de refuser la défroque usée qu'ils enfilaient matin après matin et qui serrait aux entournures. Devant ce bouleversement, des interrogations superstitieuses naissaient en leur esprit. Qui était en réalité cet homme qui avait choisi de mourir parmi eux?*

Lecture à partager, lecture pour soi.

Traduction: Condé, Maryse (1991): Unter den Mangroven, München (Droemer Knaur).

De Maryse Condé on pourrait aussi lire: *Moi, Tituba sorcière... Noire de Salem, *La vie scélérate, La colonie du nouveau monde, Desirada, Célanire cou-coupé, Pais-mêles, (nouvelles).

Troisième mensonge (Le)

Roman d'Agota Kristof (née en 1935 en Hongrie, vit à Neuchâtel), publié à Paris au Seuil en 1991, *Points*.

Après quarante ans d'exil, Lucas T. rentre dans son pays d'origine pour y mourir et rechercher son frère jumeau. Il en a été séparé dans sa petite enfance par la guerre et une maladie étrange dont il lui reste une légère claudication. Il est hanté par de vagues souvenirs, mais il ne sait pas à quelle réalité ils correspondent.

Enfant, il a passé plusieurs années à l'hôpital, puis a vécu chez une vieille femme avant de traverser la frontière de manière illicite et de dire trois mensonges. Le dernier, lourd de conséquences, donne son titre au livre.

Le livre comporte deux parties. Chacun des deux frères en est le narrateur et complète les dires de son jumeau.

Agota Kristof a quitté la Hongrie en 1956 pour venir vivre en Suisse. Elle transpose dans ce roman ses propres sentiments d'exil et les conséquences du déracinement.

Extrait: *Une voix d'homme au bout du fil dit:*

– *Ici, Lucas T. J'aimerais parler à mon frère Klaus T.*

Je me tais. La sueur coule le long de mon dos. Je dis enfin:

– *C'est une erreur. Je n'ai pas de frère.*

La voix dit:

– *Si. Un frère jumeau. Lucas.*

– *Mon frère est mort depuis longtemps.*

– *Non, je ne suis pas mort. Je suis vivant, Klaus, et j'aimerais te revoir.*

– *Où êtes-vous? D'où venez-vous?*

– *J'ai vécu longtemps à l'étranger. Je me trouve actuellement ici, dans la capitale, à l'ambassade de D.*

Lecture à partager, lecture pour soi.

Traduction: Kristof, Agota (1996): Die dritte Lüge, München (Piper).

D'Agota Kristof on pourrait aussi lire: *Hier, *L'Analphabète, Le grand cahier, La preuve.

– Est-ce vrai que tu n'as lu aucun de ces livres?
– Les livres sont assommants.
– Les livres sont des miroirs, et l'on n'y voit que ce qu'on porte en soi-même, répliqua Julian.
L'ombre du vent, Carlos Ruiz Zafón

Vendredi ou la vie sauvage

Roman de Michel Tournier (né en 1924 à Paris), publié à Paris aux éditions Flammarion en 1971, *Folio junior*.

Le début rappelle le Robinson Crusoe de Daniel Defoe: le héros dont le bateau a fait naufrage échoue sur une île déserte. Au fil du temps, et grâce aux outils trouvés sur l'épave de *La Virginie*, le Robinson de Tournier organise sa vie. Il se construit une solide maison, sème et récolte du blé et du riz, trait ses chèvres, instaure des lois strictes, s'échine du matin au soir, engrange des récoltes à ne plus savoir qu'en faire. Il vit selon les valeurs qui lui ont été inculquées en Angleterre: travail et discipline. Et quand il découvre Vendredi, il en fait son esclave jusqu'au moment où Vendredi, par inadvertance, fait exploser toute la *civilisation* de Robinson.

Dorénavant, les règles de vie changent. Vendredi fait découvrir à Robinson une vie en harmonie avec la nature qui l'entoure. Ensemble, ils jouissent de leur environnement sans le détruire ni l'asservir. Ils libèrent leur corps et leur esprit et vivent une fête permanente.

Le roman permet de réfléchir à la notion de civilisation.

Extrait: *Robinson réfléchissait en regardant la lune entre les branches noires du cèdre. Ainsi toute l'œuvre qu'il avait accomplie sur l'île, ses cultures, ses élevages, ses constructions, toutes les provisions qu'il avait accumulées dans la grotte, tout cela était perdu de la faute de Vendredi. Et pourtant il ne lui en voulait pas. La vérité, c'était qu'il en avait assez depuis longtemps de cette organisation ennuyeuse et tracassière, mais qu'il n'avait pas le courage de la détruire. Maintenant, ils étaient libres tous les deux.*

Lecture de vacances, lecture à partager.

Traduction: Tournier, Michel (1997): Freitag oder das Leben in der Wildnis, München (Hanser).

De Michel Tournier on pourrait aussi lire: Vendredi ou les limbes du Pacifique, Le roi des Aulnes, Les rois mages, Le coq de bruyère.

Parfois pourtant le livre me parlait plus ou moins confusément du monde qui m'entourait ou de moi-même; alors il me faisait rêver, ou réfléchir, et quelquefois il bousculait mes certitudes.
Mémoires d'une jeune fille rangée, Simone de Beauvoir

Ventre de l'Atlantique (Le)

Roman de Fatou Diome (née en 1968 à Niodior au Sénégal, vit en France), publié à Paris chez Anne Carrière en 2003, le livre de poche.

Salie vit en France depuis une dizaine d'années, mais ses racines sont restées à Niodior, cette petite île de la côte atlantique du Sénégal où elle a grandi. Parce qu'elle doit en rendre compte à son frère Madické qui est resté là-bas, Salie suit tous les matchs de foot. Madické, comme tous les jeunes garçons, rêve d'aller en France pour devenir un grand footballeur. L'instituteur Ndétare et Salie tentent d'expliquer les malheurs de l'émigration à Madické et aux autres jeunes garçons. Mais comment lutter contre les récits de l'homme de Barbès qui, rentré de France, possède télévision, congélateur et plusieurs femmes. Il leur parle d'un pays où même ceux qui n'ont pas de travail reçoivent de l'argent de l'état et où plus on a d'enfants, plus on en reçoit. Il ne raconte pas les misères réellement vécues, car celui qui rentre au pays doit donner l'illusion de la réussite.

Le roman raconte les leurres et les faux espoirs de l'émigration, les attentes qui pèsent sur ceux qui sont en France et se doivent de soutenir ceux qui sont restés au pays. Il raconte la condition des femmes maintenues dans l'ignorance et l'immobilisme des hommes. Mais c'est aussi un roman plein d'histoires, habilement construit et passionnant.

Extrait: *Mais pour l'instant, Ndétare devait porter la bonne parole, seul et sans grand succès. Les jeunes allaient toujours regarder la télévision chez l'homme de Barbès et rentraient de plus en plus tard. Leur désir d'embourgeoisement augmentait d'une soirée à l'autre, quoique l'instituteur saisît toutes les occasions pour les assommer de sa rengaine:*
– Petits, n'écoutez pas les sornettes que vous raconte cet hurluberlu. Ne vous laissez pas prendre dans les filets de l'émigration. Rappelez-vous, Moussa était des vôtres...

Lecture à partager, lecture pour soi.

Traduction: Diome, Fatou (2004): Das Buch des Ozeans, Zürich (Diogenes).

De Fatou Diome on pourrait aussi lire: La préférence nationale (nouvelles).

Vie devant soi (La)

Roman de Romain Gary (1914 à Vilnius – 1980 à Paris), publié à Paris au Mercure de France en 1975, *Folio*.

Momo n'a jamais été à l'école, il a toujours vécu dans le milieu des prostituées. Il vit à Paris chez Madame Rosa, vieille Juive polonaise rescapée du camp de concentration, qui garde les enfants des prostituées pour se faire un peu d'argent.

Momo manque d'affection et cherche des compensations. Son meilleur ami, Arthur, est un parapluie qu'il a habillé et avec qui il fait le clown dans la rue. Et lorsqu'il possède enfin le chien tant désiré, il le vend à un bon prix et jette l'argent à l'égout. Ses réactions inhabituelles dépassent l'entendement de la pauvre Madame Rosa.

Mais Madame Rosa, si malmenée par la vie, est malade et perd la mémoire. Elle se retire de plus en plus souvent dans «son trou juif», un coin aménagé à la cave où elle se sent en sécurité. Momo est attristé de sa déchéance et craint le moment où il la perdra. Il fait alors la connaissance de Nadine et de son mari Ramon, un jeune psychiatre, rencontre décisive pour lui. Le roman est le récit que Momo, dans une langue truculente et bien à lui, leur fait de sa vie.

Extrait: – *Pourquoi vous m'avez dit que j'avais dix ans alors que j'en ai quatorze?*

Vous allez pas me croire, mais elle a rougi un peu.

– *J'avais peur que tu me quittes, Momo, alors je t'ai un peu diminué. Tu as toujours été mon petit homme. J'en ai jamais vraiment aimé un autre. Alors, je comptais les années et j'avais peur. Je ne voulais pas que tu deviennes grand trop vite. Excuse-moi.*

Lecture à partager, lecture pour soi.

Traduction: Gary, Romain (2002): Du hast das Leben noch vor dir, München (Diana).

Film: La vie devant soi de Moshé Mizrahi, 1977.

De Romain Gary on pourrait aussi lire: *Éducation européenne, Les racines du ciel, Lady L., Chien Blanc, Clair de femme, Les Cerfs-volants, Gros-Câlin.

Vie scélérate (La)

Roman de Maryse Condé (née en 1937 en Guadeloupe), publié à Paris chez Seghers en 1987, *Pocket.*

Le roman raconte la vie d'Albert Louis et de ses descendants, leur lutte contre le racisme et la misère.

La Guadeloupe, au début du 20e siècle. Après dix ans d'exil, Albert Louis rentre, construit une maison, crée un commerce d'import-export et se marie avec Elaïse. Il a découvert les idées de Marcus Garvey. L'une de ses phrases, *J'apprendrai au Noir à voir la Beauté qui est en lui,* marquera, à titres divers, toute sa descendance.

Son fils, Jacob, reprend le commerce, encore plus âpre au gain que son père, épouse Tima et s'émerveille devant sa fille Thécla. Il découvre le racisme noir à New York, mais c'est son jeune frère Jean qui lit Marx et Rousseau et écrit *La Guadeloupe inconnue,* l'histoire des Noirs de son île.

Thécla erre entre la France, Londres, les Etats-Unis ou la Jamaïque, changeant souvent d'homme et d'idéologie et traînant derrière elle sa fille, Claude, qui deviendra la narratrice de l'histoire familiale.

Sur l'île, la famille partagée s'affronte, les uns défendent les idées de Marx, la société divisée en classes, les autres celles de Malcolm X., la société divisée par les races. Les péripéties sont innombrables, les personnages aussi et le tout forme une histoire passionnante.

Extrait: *Peut-être faudrait-il que je la raconte, cette histoire? Avec risque de déplaire et de choquer, peut-être faudrait-il que moi, à mon tour, je paie ma dette? Ce serait une histoire de gens très ordinaires qui à leur manière très ordinaire n'en avaient pas moins fait couler le sang. (Assassin! avait-elle dit). Il faudrait que je la raconte et ce serait mon monument aux morts à moi. Un livre bien différent de ceux ambitieux qu'avait rêvés d'écrire ma mère: «Mouvements révolutionnaires du monde noir» et tutti quanti. Un livre sans grands tortionnaires ni somptueux martyrs. Mais qui pèserait quand même son poids de chair et de sang. Histoire des miens.*

Lecture pour soi.

Traduction: Condé, Maryse (1999): Das verfluchte Leben, München (Piper).

De Maryse Condé on pourrait aussi lire: *Moi, Tituba, sorcière... Noire de Salem, *Traversée de la mangrove, La colonie du nouveau monde, Desirada, Célanire cou-coupé, Pays-mêlés (nouvelles).

Vies de Luka (Les)

Roman d'Arnaud Cathrine (né en 1973 en France), publié à Paris aux éditions Verticales/Le Seuil en 2002.

Mon nom est Luka, je suis née à Liverpool et je veux partir. Depuis la mort du père qui ne leur a laissé que des dettes, la vie de Luka, dix-sept ans, de son frère, Darl, et de leur mère malade se déglingue. Ils vivent à Wordsworth Street, dans un quartier dégradé où les détritus s'entassent devant les perrons. Les hommes passent leur temps au pub, les adolescents traînent, désœuvrés, et il est difficile de trouver du travail. Luka rêve d'échapper instamment à ce lieu de malheur et d'ennui pour aller à Londres faire des études de piano et devenir une grande pianiste comme Martha Argerich, son idole.

La vie va de mal en pis, Darl et Luka sont entièrement abandonnés à eux-mêmes et le récit des différentes vies de Luka – qui correspondent aux cinq chapitres du livre – le soulignent. Luka trouve de la force en Jude, ce compagnon imaginaire qui l'accompagne dans ses voyages intérieurs.

Si je ne pars pas maintenant, je vais finir par oublier que j'aurais pu avoir une autre vie, se dit Luka clairvoyante en une phrase qui résumerait sa vie.

Le roman parle du malaise de l'adolescence, de l'incommunicabilité entre parents et enfants, de la difficulté à devenir adulte dans une société qui n'offre aucun soutien, alors que la famille déjà est en lambeaux. Le constat est plutôt pessimiste.

Extrait: *Darl s'est relevé brutalement dans le lit et a allumé la lampe de chevet. Il a fixé mes yeux désarmés.*
– *Jude n'existe pas, Luka.*
Je n'ai pas eu peur. Je n'ai pas eu honte. J'ai juste fermé les yeux.
– *Arrête de pleurer, ma Luka, a-t-il ajouté d'un ton très doux. Tu n'as pas de raison d'être malheureuse puisqu'il n'existe pas.*

Lecture de vacances, lecture à partager.

D'Arnaud Cathrine on pourrait aussi lire: La route de Midland.

Il y a des livres qui ferment un monde. Ils sont un point final, on les laisse et on s'en va. Plus loin, ailleurs, n'importe! Il en est d'autres qui sont les portes de notre propre pays.
Les cloches de Bâle, Aragon

Volkswagen blues

Roman de Jacques Poulin (né en 1937 au Québec), publié à Paris aux éditons Jean Picollec, 1984, *Babel*.

C'est l'histoire d'une quête et d'un long voyage. Il commence en Gaspésie, au Québec, et se termine à San Francisco aux Etats-Unis.

Jack, la quarantaine, voyage dans son minibus Volkswagen à la recherche de son frère Théo dont il ne possède plus qu'une carte postale, envoyée des années auparavant de Gaspé. En cours de route, il rencontre la Grande Sauterelle, Pitsémine, une Indienne d'origine montagnaise qui va lui être utile dans sa quête.

De Gaspé – où Jacques Cartier avait abordé – leur quête les mène tout d'abord à Québec pour préparer le voyage, puis à Detroit, Saint Louis, Kansas City et enfin sur la Piste de l'Oregon. A chaque étape, de vagues indices – un dossier de police, un article de journal, une femme ayant connu Theo – autant de signes pour guider leur voyage qui prendra fin à San Francisco.

Au fil des lieux traversés, se tisse l'histoire des pionniers, celle des Indiens et de leur extermination, du commerce de la fourrure ou de la conquête de l'Ouest au 19e siècle. La Grande Sauterelle connaît bien l'histoire de la défaite des Indiens, ses ancêtres, qu'elle tient à inculquer à Jack. Le livre lui-même est très documenté (et illustré) et donne envie de lire tous ces autres livres mentionnés pour en savoir un peu plus.

Sorte de *road movie,* le roman est aussi une leçon d'histoire fascinante et instructive sur le passé du Québec et des Etats-Unis.

Extrait: – *Quand vous parlez des découvreurs et des explorateurs de l'Amérique... Moi, je n'ai rien en commun avec les gens qui sont venus chercher de l'or et des épices et un passage vers l'Orient. Je suis du côté de ceux qui se sont fait voler leurs terres et leur façon de vivre. Et puis...*

Elle s'arrêta pour regarder un cargo qui descendait le fleuve.

– Et puis il paraît que les Indiens sont venus de l'Asie et qu'ils sont arrivés en Amérique par un pont de glace qui recouvrait le détroit de Béring. On est arrivés par l'Ouest et vous êtes arrivés par l'Est. Il y a 7000 kilomètres qui nous séparent!

Lecture pour soi.

De Jacques Poulin on pourrait aussi lire: Les Grandes Marées, Chat sauvage, La Tournée d'automne, Le Vieux Chagrin.

Voyageur sans bagage (Le)

Pièce de théâtre de Jean Anouilh (1910 à Bordeaux – 1987 à Lausanne), publiée à Paris aux éditions de la Table Ronde en 1958, *Folio*.

Les années trente en France. A la suite de ses blessures de guerre, Gaston est devenu amnésique. Il vit depuis dix-huit ans dans une institution où il travaille comme jardinier. La duchesse Dupont-Dufort, dame patronnesse de l'institution, s'est entichée de lui et n'a de cesse de retrouver sa famille. Pour les familles en quête d'un membre perdu, Gaston est un parti intéressant, car dès qu'il aura une identité reconnue, il recevra sa pension de mutilé de guerre. Mais Gaston n'est pas pressé.

La duchesse et Gaston sont reçus chez les Renaud, famille bourgeoise très bien située, qui pense reconnaître en lui Jacques, leur fils disparu depuis la guerre. Ils dévoilent à Gaston ce que fut Jacques: un enfant violent et pervers qui tuait les animaux et avait poussé son meilleur ami dans les escaliers. Son passé d'adulte n'est pas plus brillant. Mais est-ce que Gaston voudra se reconnaître en Jacques?

Gaston jouit d'une liberté rare: se choisir un passé et endosser une nouvelle personnalité. Et il saura utiliser ce choix.

Extrait: *Le petit garçon*

Vous l'avez au moins, cette cicatrice? Je serais désolé que ce ne soit pas vous.

Gaston

N'ayez crainte. C'est moi... Alors, c'est vrai que vous ne vous rappelez rien de votre famille... Même pas un visage? même pas une petite histoire?

Le petit garçon

Aucune histoire. Mais si cela vous ennuie, peut-être que je pourrais tâcher de me renseigner.

Gaston

N'en faites rien.

Lecture à partager, lecture pour soi.

Film: Le voyageur sans bagage de Jean Anouilh, 1943.

De Jean Anouilh on pourrait aussi lire: *Antigone, La sauvage, Le Bal des voleurs, Roméo et Jeannette, L'Alouette.

Xala

Roman de Sembene Ousmane (né en 1923 au Sénégal), publié à Paris chez Présence africaine en 1973.

Un pays d'Afrique, ancienne colonie française. Le groupe des hommes d'affaires se réunit pour faire la fête, car pour la première fois la Chambre de commerce et d'Industrie est dirigée par un Africain. L'un d'eux, El Hadj Abdou Kader Bèye, homme d'affaires enrichi depuis peu, fait partie de cette nouvelle bourgeoisie du pays. De sa première épouse Adja Awa Astou, il a six enfants, de sa deuxième épouse, Oumi N'Doye, il en a cinq et, pour assurer et manifester son pouvoir, il s'apprête à prendre une troisième épouse, N'Goné, jeune, jolie (peu intelligente) et que sa famille désargentée pousse au mariage.

Mais pendant la nuit de noces, El Hadj est assailli du *xala* – d'impuissance – et ne peut pas accomplir son devoir conjugal. C'est la honte. Abandonnant alors toute sa façade d'homme de raison, il court de marabout en sorcier pour qu'on le libère de cette tare. Pendant ce temps, ses affaires périclitent, il ne peut plus faire face à ses créanciers ni payer ses sorciers. Ses amis, hommes d'affaires et de pouvoir, l'abandonnent.

Fable africaine sur la richesse et le pouvoir mal acquis et l'avidité racontée avec beaucoup d'humour et de finesse.

Extrait: *El Hadj souffrait atrocement de son* xala. *Cette amertume s'était muée en un complexe d'infériorité devant ses pairs. Il se croyait le point de mire et le sujet des conversations. Il ne supportait plus les rires après son passage, les apartés, les regards insistants. Cette infirmité – peut-être passagère – le rendait incapable de toute communication avec ses employés, ses femmes, enfants et homologues.*

Lecture à partager, lecture pour soi.

Traduction: Sembene, Ousmane (1997): Xala, die Rache des Bettlers, Wuppertal (Peter Hammer).

Film: Xala de Sembene Ousmane, 1975.

De Sembene Ousmane on pourrait aussi lire: Le mandat, Voltaïque (nouvelles), Les bouts de bois de Dieu.

Zapping

Recueil de nouvelles policières de Didier Daeninckx (né en 1949 à Saint-Denis), publié chez Denoël en 1992, *Folio*.

Vingt nouvelles qui toutes tournent autour de l'influence et des méfaits de la télévision. On zappe d'une vie à l'autre, d'une nouvelle à l'autre pour y découvrir jeux télévisés bidon, truquages et autres méchantes surprises dues à l'image qui s'insère dans les coins les plus reculés de la vie privée et les fausses attentes qu'elle crée.

Alcine Tolana est présentateur de télévision. Mais lorsqu'il utilise son audience pour dénoncer les magouilles financières et les expropriations dont sa famille est victime par la construction du TGV, il est tout simplement assassiné (*La place du mort).* Tant de petites gens dont on profite et dont on se gausse, comme Adélaïde qui est victime de la cupidité que développe l'appât du gain (*La chance de sa vie).* Ou Jean-Claude Charlois qui devient pyromane pour rester au centre de l'attention. La violence dans la banlieue est la bienvenue pour les émissions top, même s'il faut pour cela inverser les événements au montage (*Rodéo d'or).* Enfin une vision futuriste désopilante de la vie familiale réglée par des jeux télévisés.

Extrait: *Il enclencha le boîtier dans un magnétoscope et fit défiler les images en accéléré. Il inversa les séquences afin de mettre les carcasses fumantes après le rodéo. Il ajusta ensuite le commentaire, laissant entendre que l'épave représentait la Golf G.T.I. dans laquelle avait péri le jeune Michaël. Le sujet titré «La mort, cité des Poètes», eut un retentissement considérable. Il fut acheté par une dizaine de télés étrangères et collectionna une impressionnante liste de distinctions dans les Festivals du Réel.*

Lecture à partager, lecture pour soi.

De Didier Daeninckx on pourrait aussi lire: *Play-Back, En marge, Lumière noire, Hors limite.

Je ne savais pas encore lire mais j'étais assez snob pour exiger d'avoir mes livres.
Les Mots, Jean-Paul Sartre

Zazie dans le métro

Roman de Raymond Queneau (1903 au Havre – 1976 à Paris), publié à Paris chez Gallimard en 1959, Zazie dans le métro, raconté en images pas Jacques Carelman, *Folio*.

Zazie, une gosse drôlement délurée, est confiée pour deux jours à son oncle Gabriel. Elle a une idée fixe: prendre le métro. Mais le métro est en grève. Boudeuse, elle traverse donc Paris dans le taxi – jugé moche – de Charles, un ami de Gabriel, pour aller retrouver la douce Marceline. Zazie a le chic d'ajouter à tout ce qui ne lui convient pas un «mon cul» péremptoire. Il faut préciser que peu de choses lui conviennent, mais qu'elle a un avis sur tout. Et que tous les moyens lui seront bons pour acquérir cette paire de «bloudjinnzes» (blue jeans) qu'elle désire tant.

Zazie ne parle pas comme une enfant, Gabriel est danseuse comique le soir dans une boîte, la douce Marceline se révèle être Marcel, Trouscaillon se transforme en Pédrosurplus puis en Bertin Poirée tandis que Laverdure, le perroquet de Turandot, ressasse à qui veut l'entendre: Tu causes, tu causes, c'est tout ce que tu sais faire. Bref, dans ce roman, une chose n'est jamais tout à fait ce que l'on pense, le langage aussi bien que la réalité sont remis en question.

Extrait: – *Oui, dit Zazie, je veux être institutrice.*
– *Ce n'est pas un mauvais métier, dit doucement Marceline. Y a la retraite.»*

Elle ajouta ça automatiquement parce qu'elle connaissait bien la langue française.

«Retraite mon cul, dit Zazie. Moi c'est pas pour la retraite que je veux être institutrice.
– *Non, bien sûr, dit Gabriel, on s'en doute.*
– *Alors c'est pourquoi, demanda Zazie.*
– *Tu vas nous espliquer ça.*
– *Tu trouverais pas tout seul, hein?*
– *Elle est quand même fortiche la jeunesse d'aujourd'hui», dit Gabriel à Marceline.*

Lecture à partager, lecture pour soi.

Traduction: Queneau, Raymond (1999): Zazie in der Metro, Frankfurt (Suhrkamp Tb).

Film: Zazie dans le métro de Louis Malle, 1960.

De Raymond Queneau on pourrait aussi lire: Pierrot mon ami, Les fleurs bleues, Le Vol d'Icare.

Liste alphabétique des textes

37°2 le matin
Absolue perfection du crime (L')
Ahmed de Bourgogne
Aîné des orphelins (L')
Aller simple (Un)
Amant (L')
An (Un)
Analphabète (L')
Ange et le réservoir à frein (L')
Anibal
Antigone
Appel des arènes (L')
Art
Au revoir les enfants
Autobiographie d'une courgette
Autoportrait (à l'étranger)
Autoroute
Autre (L')
Bab-El-Oued
Baiser sans moustache (Un)
Balzac et la Petite Tailleuse chinoise
Beauté sur la Terre (La)
Be-bop
Belle Mère
Belles images (Les)
C'était toute une vie
Cantique des plaines
Cercle de famille (Un)
Chambre 112
Charme des après-midi sans fin (Le)
Choses (Les)
Cinq photos de ma femme
Cirque passe (Un)
Civilisation, ma mère!... (La)
Commedia des ratés (La)
Cri de la mouette (Le)
De l'autre côté du regard
Demeurées (Les)
Demi-sang suisse
Dentellière (La)
Dernier vol de Lancaster (Le)
Écume des jours (L')
Éducation européenne
Effroyables jardins
Élise ou la vraie vie
Empreinte de l'ange (L')
En attendant Godot
Enfance
Enfant multiple (L')
Enfer (L')
Et si c'était vrai...
Été meurtrier (L')
Étoile errante
Étranger (L')
Exil selon Julia (L')
Farinet ou la fausse monnaie
Femme de Gilles (La)
Folle allure (La)
Foraine
Gone du Chaâba (Le)
Grandes blondes (Les)
Hasard suivi d'Angoli Mala
Hier
Homme de chevet (L')
Homme rompu (L')
Hommes qui marchent (Les)
Huis clos
Ils partiront dans l'ivresse
Inconnues (Des)
Interdite (L')
Italienne (L')
Je m'appelle Elisabeth
Je m'en vais
Je voudrais que quelqu'un m'attende quelque part
Jeune fille au balcon (La)

Jeunesse (Une)
Jeux sont faits (Les)
Johnny Chien Méchant
Journal d'Hannah
Journal du dehors
Justes (Les)
Les voilà quel bonheur
Loin d'eux
Madame Perfecta
Mademoiselle Chambon
Magot de Momm (Le)
Mal famées (Les)
Malédiction (La)
Manèges de la vie (Les)
Marius et Jeannette
Martha
Matthias Berg
Mémoires d'immigrés, l'héritage maghrébin
Moi les enfants j'aime pas tellement
Moi, Tituba sorcière… Noire de Salem
Monsieur papa
Musher (Le)
Née en France, histoire d'une jeune Beur
Noir, comme d'habitude
Numéro six
Occupation américaine (L')
Oscar et la dame en rose
Pamukalie, pays fabuleux
Papa doit manger
Paroles
Passeport (Le)
Paysage de cendres (Un)
Petit Col des loups (Le)
Petit prince de Belleville (Le)
Petite
Petite aux tournesols (La)
Place (La)
Play-back
Poisson d'or
Pont aux heures (Le)
Porteur de cartable (Le)
Punta (La)
P… respectueuse (La)
Quand j'étais soldate
Quatre fleuves (Les)
Quatre soldats
Quoi de neuf sur la guerre?
Respire
Rhinocéros
Rochers de poudre d'or (Les)
Ronde ou autres faits divers (La)
Salon Pompadour (Le)
Sans feu ni lieu
Scaphandre et le papillon (Le)
Si le soleil ne revenait pas
Si longue lettre (Une)
Soldats
Sorcière (La)
Sourire du chat (Le)
Station Victoria
Stupeur et tremblements
T'es pas ma mère
Télévision (La)
Temps des cerises (Le)
Temps des Italiens (Le)
Testament français (Le)
Tour du monde en 20 jours (Le)
Tous les matins du monde
Traversée de la mangrove (La)
Troisième mensonge (Le)
Vendredi ou la vie sauvage
Ventre de l'Atlantique (Le)
Vie devant soi (La)
Vie scélérate (La)
Vies de Luka (Les)
Volkswagen blues
Voyageur sans bagage (Le)
Xala
Zapping
Zazie dans le métro

Les auteurs et leurs œuvres

Allouache, Merzak
Bab-el-Oued

Anouilh, Jean
Antigone
Le voyageur sans bagage

Appanah-Mouriquand, Nathacha
Les rochers de poudre d'or

Aubrac, Lucie
Ils partiront dans l'ivresse

Bâ, Mariama
Une si longue lettre

Baudy, Jean-Dominique
Le scaphandre et le papillon

Beauvoir de, Simone
Les belles images

Beckett, Samuel
En attendant Godot

Begag, Azouz
Ahmed de Bourgogne
Le gone du Chaâba
Le passeport

Belletto, René
L'enfer

Benacquista, Tonino
La commedia des ratés

Benaïssa, Aïcha / Ponchelet, Sophie
Née en France, histoire d'une jeune beur

Benameur, Jeanne
Les demeurées

Benguigui, Yamina
Mémoires d'immigrés, l'héritage maghrébin

Ben Jelloun, Tahar
L'homme rompu

Berge, Prune
T'es pas ma mère

Beti, Mongo
L'Aîné des orphelins

Beyala, Calixthe
Le petit Prince de Belleville

Bober, Robert
Quoi de neuf sur la guerre?

Bobin, Christian
La folle allure

Bon, François
Autoroute
C'était toute une vie

Bourdouxhe, Madeleine
La femme de Gilles

Bovard, Jacques-Etienne
Demi-sang suisse

Bragance, Anne
Anibal

Brasme, Anne-Sophie
Respire

Brisac, Geneviève
Petite

Bugul, Ken
De l'autre côté du regard

Camus, Albert
L'étranger
Les Justes

Cathrine, Arnaud
Les vies de Luka

Cauvin, Patrick
Monsieur Papa

Cauwelaert van, Didier
Un aller simple

Châtelet, Noëlle
La petite aux tournesols

Chedid, Andrée
L'autre
L'enfant multiple
Les manèges de la vie

Chraïbi, Driss
La civilisation, ma mère!...

Condé, Maryse
La vie scélérate
Moi, Tituba sorcière... Noire de Salem
Traversée de la mangrove

Cuneo, Anne
Station Victoria

Daeninckx, Didier
Play-back
Zapping

Desarthe, Agnès
Cinq photos de ma femme

Desbiolles, Marylène
Le Petit col des loups

Diome, Fatou
Le ventre de l'Atlantique

Djian, Philippe
37°2 le matin

Dongala, Emmanuel
Johnny Chien Méchant

Duras, Marguerite
L'amant

Echenoz, Jean
Je m'en vais
Les grandes blondes
Un an

Ernaux, Annie
Journal du dehors
La place

Estibal, Sylvain
Le dernier vol de Lancaster

Etcherelli, Claire
Elise ou la vraie vie

Eugène
Pamukalie, pays fabuleux

Fournel, Paul
Foraine

Gailly, Christian
Be-bop

Garat, Anne-Marie
Les mal famées

Gary, Romain
Éducation européenne
La vie devant soi

Gavalda, Anna
Je voudrais que quelqu'un m'attende quelque part

Gazier, Michèle
Un cercle de famille

Gille, Elisabeth
Un paysage de cendres

Giovanni, José
Le musher

Guédiguian, Robert
Marius et Jeannette, un conte de l'Estaque

Holder, Eric
L'homme de chevet
Mademoiselle Chambon

Huston, Nancy
Cantique des plaines
L'empreinte de l'ange

Ionesco, Eugène
Rhinocéros

Japrisot, Sébastien
L'été meurtrier

Kristof, Agota
Hier
Le troisième mensonge
L'analphabète

Laborit, Emanuelle
Le cri de la mouette

Laferrière, Dany
Le Charme des après-midi sans fin

Lainé, Pascal
La dentellière

Lambrichs, Louise L.
Journal d'Hannah

Le Clézio, J.M.G.
Étoile errante
Hasard suivi d'Angoli Mala
La ronde et autres faits divers
Poisson d'or

Lenoir, Hélène
Le magot de Momm

Levy, Marc
Et si c'était vrai...

Maggetti, Daniel
Chambre 112

Maillet, Antonine
Madame Perfecta

Makine, Andreï
Le testament français

Malle, Louis
Au revoir les enfants

Maspero, François
Le sourire du chat
Le temps des Italiens

Mauvignier, Laurent
Loin d'eux

Mimouni, Rachid
La malédiction

Mingarelli, Hubert
Quatre soldats

Modiano, Patrick
Des Inconnues
Un cirque passe
Une jeunesse

Mokeddem, Malika
L'Interdite
Les hommes qui marchent

Monenembo, Tierno
L'Aîné des orphelins

Ndiaye, Marie
La sorcière
Papa doit manger

Nothomb, Amélie
Stupeur et tremblements

Olmi, Véronique
Numéro six

Paris, Gilles
Autobiographie d'une courgette

Perec, Georges
Les Choses

Piccard, Bertrand
Le Tour du monde en vingt jours

Pineau, Gisèle
L'exil selon Julia

Poulin, Jacques
Volkswagen blues

Prévert, Jacques
Paroles

Pujade-Renaud, Claude
Belle Mère
Martha ou le mensonge du mouvement

Queneau, Raymond
Zazie dans le métro

Quignard, Pascal
L'Occupation américaine
Tous les matins du monde

Quint, Michel
Effroyables jardins

Ramuz, C.F.
Farinet ou la fausse monnaie
La Beauté sur la Terre
Si le soleil ne revenait pas

Reza, Yasmina
Art

Roche, Sylviane
L'Italienne
Le salon Pompadour
Le temps des cerises

Safonoff, Catherine
Le pont aux heures

Saint-André de, Alix
L'ange et le réservoir de liquide à frein

Sarraute, Nathalie
Enfance

Sartre, Jean-Paul
Huis clos
La p... respectueuse
Les jeux sont faits

Saumont, Annie
Les voilà quel bonheur
Moi les enfants j'aime pas tellement
Noir, comme d'habitude

Schmitt, Eric-Emmanuel
Oscar et la dame en rose

Sebbar, Leïla
La jeune fille au balcon
Soldats

Sembene, Ousmane
Xala

Sijie, Dai
Balzac et la Petite Tailleuse chinoise

Simon, Catherine
Un baiser sans moustache

Sow Fall, Aminata
L'appel des arènes

Tadjer, Takli
Le porteur de cartable

Tournier, Michel
Vendredi ou la vie sauvage

Toussaint, Jean-Philippe
Autoportrait (à l'étranger)
La télévision

Vargas, Fred
Les quatre fleuves
Sans feu ni lieu

Vian, Boris
L'écume des jours

Viel, Tanguy
L'absolue perfection du crime

Wiazemsky, Anne
Je m'appelle Elisabeth

Z'Graggen, Yvette
La Punta
Matthias Berg

Zenatti, Valérie
Quand j'étais soldate

Les genres

Autobiographie
Autoportrait (à l'étranger)
Enfance
L'analphabète

Guide
Pamukalie, pays fabuleux, vrai guide d'un pays surréel

Journal
Journal du dehors

Nouvelles
Inconnues (Des)
Hasard suivi d'Angoli Mala
Jeune fille au balcon (La)
Les voilà quel bonheur
Manèges de la vie (Les)
Moi les enfants j'aime pas tellement
Noir, comme d'habitude
Ronde et autres faits divers (La)
Soldats

Nouvelles policières
Zapping

Pièce de théâtre
Antigone
Art
En attendant Godot
Huis clos
Justes (Les)
Papa doit manger
P... respectueuse (La)
Voyageur sans bagage (Le)

Poésie
Paroles

Récit
Ahmed de Bourgogne
C'était toute une vie
Chambre 112
Charme des après-midi sans fin (Le)
Choses (Les), Une histoire des années soixante
Cri de la mouette (Le)
Ils partiront dans l'ivresse
Journal d'Hannah
Matthias Berg
Mémoires d'immigrés, l'héritage maghrébin
Née en France, histoire d'une jeune Beur
Place (La)
Porteur de cartable (Le)
Quatre fleuves (Les)
Tour du monde en 20 jours (Le)

Récit de vie
Italienne (L')
Ils partiront dans l'ivresse
Scaphandre et le papillon (Le)

Roman
37°2 le matin
Absolue perfection du crime (L')
Aîné des orphelins (L')
Aller simple (Un)
Amant (L')
An (Un)
Anibal
Appel des arènes (L')
Autobiographie d'une courgette
Autoroute
Autre (L')
Bab-el-Oued

Balzac et la Petite Tailleuse chinoise
Beauté sur la Terre (La)
Be-bop
Belle Mère
Belles Images (Les)
Cantique des plaines
Cercle de famille (Un)
Cinq photos de ma femme
Cirque (Un)
Civilisation, ma mère!... (La)
De l'autre côté du regard
Demeurées (Les)
Demi-sang suisse
Dentellière (La)
Dernier vol de Lancaster (Le)
Écume des jours (L')
Éducation européenne (L')
Effroyables jardins
Élise ou la vraie vie
Empreinte de l'ange (L')
Enfance multiple (L')
Et si c'était vrai
Étoile errante
Étranger (L')
Exil selon Julia (L')
Farinet ou la fausse monnaie
Femme de Gilles (La)
Folle allure (La)
Foraine
Gone du Chaâba (Le)
Grandes blondes (Les)
Hasard *suivi d'*Angoli Mala
Hier
Homme de chevet (L')
Homme rompu (L')
Hommes qui marchent (Les)
Interdite (L')
Je m'appelle Elisabeth
Je m'en vais
Je voudrais que quelqu'un m'attende quelque part
Jeunesse (Une)
Johnny Chien Méchant
Loin d'eux
Madame Perfecta
Mademoiselle Chambon
Magot de Momm (Le)
Mal famées (Les)
Malédiction (La)
Martha ou le mensonge du mouvement
Moi, Tituba sorcière... Noire de Salem
Monsieur Papa
Musher (Le)
Numéro Six
Occupation américaine (L')
Oscar et la dame en rose
Passeport (Le)
Paysage de cendres (Un)
Petit col des loups (Le)
Petit prince de Belleville (Le)
Petite aux tournesols (La)
Petite
Poisson d'or
Pont aux heures (Le)
Punta (La)
Quand j'étais soldate
Quatre soldats
Quoi de neuf sur la guerre?
Respire
Rochers de poudre d'or (Les)
Salon Pompadour (Le)
Si le soleil ne revenait pas
Si longue lettre (Une)
Sorcière (La)
Sourire du chat (Le)
Station Victoria
Stupeur et tremblements
Télévision (La)
Temps des cerises (Le)
Temps des Italiens (Le)
T'es pas ma mère
Testament français (Le)
Tous les matins du monde

Traversée de la mangrove (La)
Troisième mensonge (Le)
Vendredi ou la vie sauvage
Ventre de l'Atlantique (Le)
Vie devant soi (La)
Vies de Luka (Les)
Vie scélérate (La)
Volkswagen blues
Xala
Zazie dans le métro

Roman policier

Ange et le réservoir de liquide à freins (L')
Baiser sans moustache (Un)
Commedia des ratés (La)
Enfer (L')
Été meurtrier (L')
Play-back
Sans feu ni lieu

Scénario de film

Au revoir les enfants
Jeux sont faits (Les)
Marius et Jeannette, un conte de l'Estaque

Thèmes

Pour les thèmes des recueils de nouvelles, il faut se référer aux articles les concernant, car chaque nouvelle correspond à un thème différent.

Absurde
Antigone
En attendant Godot
Étranger (L')
Huis clos
Jeux sont faits (Les)
Rhinocéros

Adolescence
Aîné des orphelins (L')
Aller simple (Un)
Balzac et la Petite Tailleuse chinoise
Hasard suivi d'Angoli Mala,
Je m'appelle Elisabeth
Magot de Momm (Le)
Moi les enfants j'aime pas tellement
Née en France, histoire d'une jeune Beur
Occupation américaine (L')
Paysage de cendres (Un)
Petite
Place (La)
Quand j'étais soldate
Quatre fleuves (Les)
Respire
Ronde et autres faits divers (La)
Sourire du chat (Le)
Station Victoria
T'es pas ma mère
Temps des Italiens (Le)
Vies de Luka (Les)

Adoption
Anibal
Autobiographie d'une
Courgette
Paysage de cendres (Un)
T'es pas ma mère

Afrique noire
Aîné des orphelins (L')
Appel des arènes (L')
De l'autre côté du regard
Johnny Chien Méchant
Si longue lettre (Une)
Ventre de l'Atlantique (Le)
Xala

Afrique du Nord
Ahmed de Bourgogne
Aller simple (Un)
Bab-el-Oued
Baiser sans moustache (Un)
Civilisation, ma mère!... (La)
Homme rompu (L')
Hommes qui marchent (Les)
Interdite (L')
Malédiction (La)
Née en France, histoire d'une jeune Beur
Passeport (Le)

Amitié
Anibal
Au revoir les enfants
Autre (L')
Autobiographie d'une
Courgette
Baiser sans moustache (Un)
Charme des après-midi sans fin (Le)
Commedia des ratés (La)
Effroyables jardins
Enfant multiple (L')
Madame Perfecta
Musher (Le)
Paysage de cendres (Un)
Porteur de cartable (Le)

Respire
Sans feu ni lieu
Si longue lettre (Une)
Station Victoria
Volkswagen blues

Amour
37°2 le matin
Amant (L')
Antigone
Bab-el-Oued
Balzac et la Petite Tailleuse chinoise
Beauté sur la Terre (La)
Cantique des plaines
Cercle de famille (Un)
Cinq photos de ma femme
Cirque passe (Un)
Demi-sang suisse
Dentellière (La)
Dernier vol de Lancaster (Le)
Écume des jours (L')
Élise ou la vraie vie
Empreinte de l'ange (L')
Enfer (L')
Été meurtrier (L')
Femme de Gilles (La)
Folle allure (La)
Foraine
Hier
Homme de chevet (L')
Ils partiront dans l'ivresse
Je m'en vais
Jeunesse (Une)
Jeux sont faits (Les)
Madame Perfecta
Mademoiselle Chambon
Magot de Momm (Le)
Marius et Jeannette, un conte de l'Estaque
Moi, Tituba sorcière... Noire de Salem
Musher (Le)
Occupation américaine (L')
Papa doit manger
Paroles
Petit Col des loups (Le)
Pont aux heures (Le)
Respire
Si longue lettre (Une)
Station Victoria
Temps des cerises (Le)
Temps des Italiens (Le)
Testament français (Le)
Tous les matins du monde
Traversée de la mangrove
Vies de Luka (Les)
Xala

Années 50
Zazie dans le métro

Années 60
Choses (Les)
Gone du Châba (Le)
Élise ou la vraie vie
Empreinte de l'ange (L')
Occupation américaine (L')
Petit col des loups (Le)
Porteur de cartable (Le)
Station Victoria

Anorexie
Petite
Dentellière (La)

Antisémitisme
Au revoir les enfants
Paysage de cendres (Un)
Quoi de neuf sur la guerre?
Temps des Italiens (Le)

Après-guerre
Cinq photos de ma femme
Empreinte de l'ange (L')
Journal d'Hannah

Paysage de cendres (Un)
Quoi de neuf sur la guerre?
Temps des cerises (Le)
Troisième mensonge (Le)

Autobiographie
Analphabète (L')
Enfance
Ils partiront dans l'ivresse

Art
Art
Je m'en vais

Aventure
Ahmed de Bourgogne
Autoroute
Commedia des ratés (La)
Dernier vol de Lancaster (Le)
Grandes blondes (Les)
Je m'en vais
Musher (Le)
Quatre fleuves (Les)
Vendredi ou la vie sauvage

Beurs
Ahmed de Bourgogne
Gone du Chaâba (Le)
Mémoires d'immigrés, l'héritage maghrébin
Née en France, histoire d'une jeune Beur

Bidonvilles
Gone du Chaâba (Le)

Caraïbes
Charme des après-midi sans fin (Le)
Exil selon Julia (L')
Moi, Tituba sorcière... Noire de Salem
Traversée de la mangrove
Vie scélérate (La)

Clandestinité
Ahmed de Bourgogne

Chômage
Play-back
C'était toute une vie

Choc de culture
Ahmed de Bourgogne
Appel des arènes (L')
Autre (L')
Civilisation, ma mère!... (La)
Exil selon Julia (L')
Gone de Chaâba (Le)
Hier
Jeune fille au balcon (La)
Madame Perfecta
Mémoires d'immigrés, l'héritage maghrébin
Née en France, histoire d'une jeune Beur
Occupation américaine (L')
Petit prince de Belleville (Le)
Poisson d'or
Porteur de cartable (Le)
Station Victoria
Stupeur et tremblements
Vendredi ou la vie sauvage
Ventre de l'Atlantique (Le)
Volkswagen blues

Condition de la femme
Bab-el-Oued
Baiser sans moustache (Un)
Beauté sur la Terre (La)
Belles images (Les)
C'était toute une vie
Cantique des plaines
Civilisation, ma mère!... (La)
De l'autre côté du regard
Demeurées (Les)
Dentellière (La)
Élise ou la vraie vie

Été meurtrier (L')
Femme de Gilles (La)
Hommes qui marchent (Les)
Inconnues (Des)
Interdite (L')
Italienne (L')
Jeune fille au balcon (La)
Journal d'Hannah
Madame Perfecta
Magot de Momm (Le)
Mal famées (Les)
Malédiction (La)
Mémoires d'immigrés, l'héritage maghrébin
Moi, Tituba sorcière... Noire de Salem
Née en France, histoire d'une jeune Beur
Petit prince de Belleville (Le)
Poisson d'or
P... respectueuse (La)
Quand j'étais soldate
Respire
Salon Pompadour (Le)
Si longue lettre (Une)
Soldats
Station Victoria
T'es pas ma mère
Ventre de l'Atlantique (Le)
Vie scélérate (La)
Xala

Corruption
Homme rompu (L')
Xala

Courage
Aîné des orphelins (L')
Antigone
Autre (L')
Beauté sur la Terre (La)
Civilisation, ma mère!... (La)
Cri de la mouette (Le)
Dernier vol de Lancaster (Le)
Femme de Gilles (La)
Ils partiront dans l'ivresse
Je m'appelle Elisabeth
Johnny Chien Méchant
Madame Perfecta
Musher (Le)
Scaphandre et le papillon (Le)
Si le soleil ne revenait pas
Station Victoria
Tour du monde en 20 jours (Le)

Cupidité
Beauté sur la terre (La)
Homme rompu (L')
Si le soleil ne revenait pas
Vie scélérate (La)

Danse
Martha ou le mensonge du mouvement

Dénuement
Baiser sans moustache (Un)
Charme des après-midi sans fin (Le)
Demeurées (Les)
Élise ou la vraie vie
Gone du Chaâba (Le)
Mal famées (Les)
Vie devant soi (La)
Vies de Luka (Les)

Déracinement
Anibal
Beauté sur la terre (La)
Enfant multiple (L')
Étoile errante
Hier
Poisson d'or
Punta (La)
Troisième mensonge (Le)
Analphabète (L')

Désespoir
37°2 le matin
Aîné des orphelins (L')
Hier
Loin d'eux
Mademoiselle Chambon
Passeport (Le)
Troisième mensonge (Le)

Difficulté de vivre
37°2 le matin
Cirque passe (Un)
Élise ou la vraie vie
Enfer (L')
Folle allure (La)
Hier
Loin d'eux
Paroles
Sans feu ni lieu
Télévision (La)
Troisième mensonge (Le)

Drogue
C'était toute une vie
Malédiction (La)

Ecole
Cri de la mouette (Le)
Demeurées (Les)
Gone du Chaâba (Le)
Porteur de cartable (Le)

Education
Autobiographie d'une Courgette
Civilisation, ma mère!... (La)
Cri de la mouette (Le)
Demeurées (Les)
Gone du Chaâba (Le)
Hommes qui marchent (Les)
Née en France, histoire d'une jeune Beur
Quoi de neuf sur la guerre?
Si longue lettre (Une)
Station Victoria
Vies de Luka (Les)

Emancipation
Civilisation, ma mère!...(La)
Hommes qui marchent (Les)
Interdite (L')
Madame Perfecta
Née en France, histoire d'une jeune Beur
Salon Pompadour (Le)
Si longue lettre (Une)
Station Victoria

Emigration
Gone du Châaba (Le)
Hier
Porteur de cartable (Le)
Ventre de l'Atlantique (Le)

Enfance
Aîné des orphelins (L')
Ange et le réservoir à frein (L')
Anibal
Appel des arènes (L')
Autobiographie d'une courgette (L')
Belles images (Les)
Charme des après-midi sans fin (Le)
Cri de la mouette (Le)
Effroyables jardins
Enfant multiple (L')
Gone du Chaâba (Le)
Johnny Chien Méchant
Magot de Momm (Le)
Moi les enfants j'aime pas tellement
Monsieur Papa
Oscar et la dame en rose
Papa doit manger
Paysage de cendres (Un)

Petit prince de Belleville (Le)
Petite
Petite aux tournesols (La)
Porteur de cartable (Le)
Ronde et autres faits divers (La)
Quoi de neuf sur la guerre?
Zazie dans le métro

Esclavage
Moi, Tituba sorcière... Noire de Salem
Rochers de poudre d'or (Les)

Espagne sous Franco
Madame Perfecta

Étranger
Ahmed de Bourgogne
Enfant multiple (L')
Gone du Chaâba (Le)
Hier
Née en France, histoire d'une jeune Beur
Porteur de cartable (Le)
Traversée de la mangrove

Exclusion
Mémoires d'immigrés, l'héritage maghrébin

Exil
Ahmed de Bourgogne
Analphabète (L')
Enfant multiple (L')
Hier
Italienne (L')
Madame Perfecta
Mémoires d'immigrés, l'héritage maghrébin
Porteur de cartable (Le)
Troisième mensonge (Le)
Ventre de l'Atlantique (Le)

Exploitation
Élise ou la vraie vie
P... respectueuse (La)
Rochers de poudre d'or (Les)
Stupeur et tremblements
Temps des cerises (Le)
Vie scélérate (La)

Famille
Anibal
Antigone
Belle Mère
Cercle de famille (Un)
Cinq photos de ma femme
Civilisation, ma mère!... (La)
De l'autre côté du regard
Demeurées (Les)
Femme de Gilles (La)
Gone du Chaâba (Le)
Je m'appelle Elisabeth
Magot de Momm (Le)
Matthias Berg
Née en France, histoire d'une jeune Beur
Numéro six
Papa doit manger
Place (La)
Salon Pompadour (Le)
Sorcière (La)
Sourire du chat (Le)
T'es pas ma mère
Temps des cerises (Le)
Vies de Luka (Les)
Voyageur sans bagage (Le)

Fête
Foraine

Fuite
37°2 le matin
Ahmed de Bourgogne
Analphabète (L')
Aîné des orphelins (L')

An (Un)
Anibal
Folle allure (La)
Grandes blondes (Les)
Hasard suivi d'Angoli Mala
Johnny Chien Méchant
Magot de Momm (Le)
Née en France, histoire d'une jeune Beur
Poisson d'or
Troisième mensonge (Le)

Frontières
Ahmed de Bourgogne
Troisième mensonge (Le)

Génocide
Aîné des orphelins (L')

Grossesse
Petit Col des loups (Le)
Journal d'Hannah

Guerre
Aîné des orphelins (La)
Commedia des ratés (2e guerre mondiale)
Éducation européenne (L') (2e guerre mondiale)
Effroyables jardins (2e guerre mondiale)
Élise ou la vraie vie (guerre d'Algérie)
Empreinte de l'ange (L') (2e guerre mondiale, guerre d'Algérie)
Enfant multiple (L') (Proche Orient)
Étoile errante (2e guerre mondiale)
Ils partiront dans l'ivresse (2e guerre mondiale)
Johnny Chien Méchant
Madame Perfecta (guerre civile en Espagne)
Mal famées (Les) (2e guerre mondiale)
Paysage de cendres (Un) (2e guerre mondiale)
Porteur de cartable (Le) (guerre d'Algérie)
Quand j'étais soldate (Israël)
Quatre soldats (1ère guerre mondiale)
Quoi de neuf sur la guerre? (2e guerre mondiale)
Soldats (divers)
Sourire du chat (Le) (2e guerre mondiale)
Temps des Italiens (Le) (2e guerre mondiale)
Troisième mensonge (Le) (2e guerre mondiale)
Voyageur sans bagage (Le) (1ère guerre mondiale)

Hold-up
L'absolue perfection du crime
Monsieur Papa

Humour
Écume des jours (L')
Télévision (La)
Zazie dans le métro
Pamukalie, pays fabuleux

Injustice
Ahmed de Bourgogne
Aîné des orphelins (L')
Johnny Chien Méchant

Insécurité
Ahmed de Bourgogne
Aîné des orphelins (L')
Autre (L')
Baiser sans moustache (Un)

Cirque passe (Un)
Passeport (Le)
Vies de Luka (Les)

Insolite
Ange et le réservoir de liquide à freins (L')
Écume des jours (L')
Et si c'était vrai...
Moi, Tituba sorcière... Noire de Salem
Pamukalie, pays fabuleux
Sorcière (La)

Intégrisme
Malédiction (La)
Bab-el-Oued
Baiser sans moustache (Un)

Jalousie
37°2 le matin
Anibal
Beauté sur la terre (La)
De l'autre côté du regard
Respire
Traversée de la mangrove

Lecture
Analphabète (L')
Balzac et la Petite Tailleuse chinoise

Maladie
Homme de chevet (L')
Oscar et la dame en rose

Meurtre
Aîné des orphelins (L')
Autobiographie d'une Courgette
Baiser sans moustache (Un)
Commedia des ratés (La)
Étranger (L')
Johnny Chien Méchant
Passeport (Le)
Play-back
Quatre fleuves (Les)
Sans feu ni lieu

Mort
Baiser sans moustache (Un)
Oscar et la dame en rose
Traversée de la mangrove
Troisième mensonge (Le)

Musique
Beauté sur la terre (La)
Be-bop
Écume des jours (L')
Enfer (L')
Folle allure (La)
Tous les matins du monde
Vies de Luka (Les)

Nature
Farinet ou la fausse monnaie
Musher (Le)
Si le soleil ne revenait pas
Vendredi ou la vie sauvage
Anibal

Peur
37°2 le matin
Ahmed de Bourgogne
Aîné des orphelins (L')
Baiser sans moustache (Un)
Charme des après-midi sans fin (Le)
Effroyables jardins
Je m'appelle Elisabeth
Johnny Chien Méchant
Passeport (Le)
Si le soleil ne revenait pas

Polygamie
De l'autre côté du regard
Petit prince de Belleville (Le)
Si longue lettre (Une)

Prison
Absolue perfection du crime (L')
Aîné des orphelins (L')
Étranger (L')
Respire
Troisième mensonge (Le)

Quête
Volkswagen blues

Racisme
Porteur de cartable (Le)

Relation mère-fille
De l'autre côté du regard
Demeurées (Les)
Magot de Momm (Le)
Née en France, histoire d'une jeune Beur
Sorcière (La)
Station Victoria
T'es pas ma mère

Relation enfant-adulte
Autobiographie d'une Courgette
Charme des après-midi sans fin (Le)
Enfant multiple (L')
Gone du Chaâba (Le)
Hasard suivi d'Angoli Mala
Oscar et la dame en rose
Petite
Place (La)
Porteur de cartable (Le)
Respire
Sourire du chat (Le)
Station Victoria
Vies de Luka (Les)
Zazie dans le métro

Relation enfants – parents
Anibal
Civilisation, ma mère!... (La)
Loin d'eux
Née en France, histoire d'une jeune Beur
Place (La)
Voyageur sans bagage (Le)

Relation hommes – femmes
Mademoiselle Chambon
Hier
Balzac et la Petite Tailleuse chinoise
Cercle de famille (Un)
Be-bop
Belles images (Les)
Cinq photos de ma femme
Civilisation, ma mère!... (La)
Dentellière (La)
Femme de Gilles (La)
Foraine
Papa doit manger
Salon Pompadour (Le)
Si longue lettre (Une)

Relation fils – père
Chambre 112
Commedia des ratés (La)

Religion catholique
Ange et le réservoir de liquide à freins (L')
Résistance (2e guerre mondiale)
Effroyables jardins
Ils partiront dans l'ivresse
Temps des taliens (Le)

Révolte
Antigone
Farinet ou la fausse monnaie

Révolution
Justes (Les) (révolution russe)
Balzac et la Petite Tailleuse chinoise (révolution culturelle chinoise)

Science fiction
Et si c'était vrai...

Séparation
Petit Col des loups (Le)
Troisième mensonge (Le)
Voyageur sans bagage (Le)

Show biz
Play-back

Société de consommation
Art
Belles Images (Les)
Choses (Les)
Journal du dehors
Place (La)
Zapping

Solidarité
Effroyables jardins
Ils partiront dans l'ivresse

Solitude
Analphabète (L')
Cinq photos de ma femme
Cri de la mouette (Le)
Demeurées (Les)
Je m'en vais
Je voudrais que quelqu'un m'attende quelque part
Loin d'eux
Magot de Momm (Le)
Petit Col des loups (Le)
Sans feu ni lieu
Sorcière (La)
Station Victoria
Télévision (La)
Traversée de la mangrove
Troisième mensonge (Le)
Voyageur sans bagage (Le)

Suicide
Loin d'eux

Surdité
Cri de la mouette (Le)

Trahison
Absolue perfection du crime (L')
Troisième mensonge (Le)

Télévision
Zapping

Travail
Choses (Les)
Papa doit manger
Élise ou la vraie vie
Quoi de neuf sur la guerre?
Temps des cerises (Le)
Zapping

Travail de mémoire
Chambre 112
Cercle de famille (Un)
Cinq photos de ma femme
Commedia des ratés (La)
Italienne (L')
Quoi de neuf sur la guerre?
Voyageur sans bagage (Le)

Tremblement de terre
Autre (L')

Viol
Eté meurtrier (L')
Italienne (L')
Empreinte de l'ange (L')
Hommes qui marchent (Les)

Violence
37°2 le matin
Absolue perfection du crime (L')
Aîné des orphelins (L')
Baiser sans moustache (Un)
Éducation européenne (L')
Enfer (L')
Été meurtrier (L')
Johnny Chien Méchant
Justes (Les)
Passeport (Le)
Soldats

Vivre dans la ville
Télévision (La) (Berlin)
Zazie dans le métro (Paris)

Vieillir
Chambre 112
Cinq photos de ma femme
Punta (La)
Station Victoria
Troisième mensonge (Le)

Voyage
Ahmed de Bourgogne
Aller simple (Un)
An (Un)
Autoportrait (à l'étranger)
Autoroute
Commedia des ratés (La)
Dernier vol de Lancaster (Le)
Grandes blondes (Les)
Hasard suivi d'Angoli Mala,
Je m'en vais
Pamukalie, pays fabuleux
Station Victoria
Volkswagen blues

Pays d'origine des écrivains

Algérie
Allouache, Merzak
Mimouni, Rachid
Mokeddem, Malika

Belgique
Bourdouxhe, Madeleine
Toussaint, Jean-Philippe
Nothomb, Amélie

Cameroun
Beyala, Calixthe

Chine
Sijie, Dai

Canada
Huston, Nancy

Congo
Dongala, Emmanuel

France
Anouilh, Jean
Aubrac, Lucie
Baudy, Jean-Dominique
Beauvoir de, Simone
Begag, Azouz (Algérien, né en France)
Belleto, René
Benacquista, Tonino
Benaïssa, Aïcha
(Algérienne, née en France)
Benameur, Jeanne
Benguigui, Yamina
(Algérienne, née en France)
Berge, Prune
Bober, Robert
Bobin, Christian
Bon, François
Bragance, Anne
Brasme, Anne-Sophie
Brisac, Geneviève
Camus, Albert
Cathrine, Arnaud
Cauvin, Patrick
Cauwelaert van, Didier
Châtelet, Noëlle
Chedid, Andrée (Libanaise née en Egypte)
Daeninckx, Didier
Desarthe, Agnès
Desbordes, Marylène
Djian, Philippe
Duras, Marguerite
Echenoz, Jean
Ernaux, Annie
Estibal, Sylvain
Etcherelli, Claire
Fournel, Paul
Gailly, Christian
Garat, Anne-Marie
Gary, Romain
Gavalda, Anna
Gazier, Michèle
Gille, Elisabeth
Giovanni, José
Guédiguian, Robert
Holder, Eric
Ionesco, Eugène (né en Roumanie)
Japrisot, Sébastien
Laborit, Emmanuelle
Lainé, Pascal
Lambrichs, Louise L.
Le Clézio, J.M.G.
Lenoir, Hélène
Levy, Marc

Makine, Andreï (né en Russie)
Malle, Louis
Maspero, François
Mauvignier, Laurent
Mingarelli, Hubert
Modiano, Patrick
Ndiaye, Marie
Olmi, Véronique
Paris, Gilles
Perec, Georges
Ponchelet, Sophie
Prévert, Jacques
Pujade-Renaud, Claude
Queneau, Raymond
Quignard, Pascal
Quint, Michel
Reza, Yasmina
Saint-André de, Alix
Sarraute, Nathalie
Sartre, Jean-Paul
Saumont, Annie
Schmitt, Eric-Emmanuel
Sebbar, Leïla (née en Algérie)
Simon, Catherine
Tadjer, Takli (Algérien, né en France)
Tournier, Michel
Vargas, Fred
Vian, Boris
Viel, Tanguy
Wiazemsky, Anne
Zenatti, Valérie

Guadeloupe
Condé, Maryse
Pineau, Gisèle

Guinée
Monenembo, Tierno

Irlande
Beckett, Samuel

Haïti
Laferrière, Dany

Hongrie
Kristof, Agota

Maurice, île
Appanah-Mouriquand, Nathacha

Maroc
Chraïbi, Driss
Ben Jelloun, Tahar

Québec
Maillet, Antonine
Poulain, Jacques

Sénégal
Bâ, Mariama
Beti, Mongo
Bugul, Ken
Diome, Fatou
Sembene, Ousmane
Sow Fall, Aminata

Suisse
Bovard, Jacques-Etienne
Cuneo, Anne
Eugène (né en Roumanie)
Maggetti, Daniel
Piccard, Bertrand
Ramuz, C.F.
Roche, Sylviane
Safonoff, Catherine
Z'Graggen, Yvette

Traductions en allemand:

On trouve les titres suivants en traduction allemande:

Aubrac, Lucie (2000): Heldin aus Liebe, Eine Frau kämpft gegen die Gestapo, Berlin (dtv).

Bâ, Mariama (1983): Ein so langer Brief, ein afrikanisches Frauenschicksal, Frankfurt (Ullstein).

Baudy, Jean-Dominique (1997): Schmetterling und Taucherglocke, Berlin (dtv).

Beauvoir de, Simone (1968): Die Welt der schönen Bilder, Berlin (Rowohlt).

Beckett, Samuel (2003): Warten auf Godot, Frankfurt (Suhrkamp).

Begag, Azouz (1998): Der Junge vom Stadtrand, Zürich (Nagel und Kimche).

Belletto, René (1988): Höllische Augenblicke, Berlin (Rohwolt TB).

Benacquista, Tonino (1995): Itakerblues, Berlin (Rotbuch Krimi).

Ben Jelloun, Tahar (1996): Der korrumpierte Mann, Hamburg (Reinbek).

Berge, Prune (2002): Du bist nicht meine Mutter, Hamburg (Hoffmann & Campe).

Beyala, Calixthe (1995): Der kleine Prinz aus der Vorstadt, Frankfurt (Fischer-Tb).

Bober, Robert (1995): Was gibt's Neues vom Krieg?, München (Kunstmann).

Bourdouxhe, Madeleine (1996): Gilles Frau, München (Piper).

Bovard, Jacques-Etienne (2002): Der Nebelreiter, Zürich (Limmat).

Brasme, Anne-Sophie (2002): Dich schlafen sehen, München (Goldmann).

Camus, Albert (2004): Der Fremde, Berlin (Rowohlt TB).

Cauwelaert de, Didier (1996): Das Findelkind, Hamburg (Hoffmann & Campe).

Châtelet, Noëlle (2001): Das Sonnenblumenmädchen, Köln (Kiepenheuer & Witsch).

Chedid, Andrée (2000): Verschüttet, Bad Honnef (Horlemann).

Chraïbi, Driss, (1994): Die Zivilisation, Mutter, Zürich (Unionsverlag).

Condé, Maryse (1999): Das verfluchte Leben, München (Piper).

Condé, Maryse (1988): Ich, Tituba, die schwarze Hexe von Salem, München (Droemer Knaur).

Condé, Maryse (1991): Unter den Mangroven, München (Droemer Knaur).

Cuneo, Anne (1999): Station Victoria, München (Heyne).

Daeninckx, Didier (1991): Die Stimme der Bianca B., Berlin (Aufbau).
Desarthe, Agnès (1999): Fünf Bilder meiner Frau, Berlin (Alexander Fest).
Diome, Fatou (2004): Das Buch des Ozeans, Zürich (Diogenes).
Djian, Philippe (1988): Betty Blue, 37,2° am Morgen, Zürich (Diogenes, detebe 21671).
Duras, Marguerite (1985): Der Geliebte, Frankfurt (Suhrkamp).
Echenoz, Jean (2002): Die grossen Blondinen, Berlin (Berlin Verlag).
Echenoz, Jean (2000): Ich gehe jetzt, Berlin (Berlin Verlag).
Echenoz, Jean (2001): En Jahr, Belin (Berlin Verlag).
Ernaux, Annie (1988): Das bessere Leben, Frankfurt (Fischer Tb).
Etcherelli, Claire (1974): Elise oder das wahre Leben, Berlin (Volk und Welt).
Gary, Romain (2002): Du hast das Leben noch vor dir, München (Diana).
Gavalda, Anna, (2002): Ich wünsche mir, dass irgendwo jemand auf mich wartet, München (Hanser).
Gille, Elisabeth (2000): Landschaft aus Asche, München (Piper).
Huston, Nancy, (2000): Das Engelsmal, Berlin (Luchterhand).
Ionesco, Eugène, (1964): Die Nashörner, Frankfurt (Fischer Tb).
Kristof, Agota (1996): Die dritte Lüge, München (Piper).
Kristof, Agota, (1998): Gestern, München (Piper).
Laborit, Emmanuelle, (1995): Der Schrei der Möwe, Bergisch Gladbach (Bastei Lübbe).
Lainé, Pascal (1978): Die Spitzenklöpplerin, Berlin (Rowohlt).
Lambrichs, Louise L. (1996): Hannahs Tagebuch, Frankfurt (Fischer Tb).
Le Clézio, J.M.G. (2003): Fisch aus Gold, Köln (Kiepenheuer & Witsch).
Lenoir, Hélène, (2004): Unter meinem Dach, Stuttgart (Klett-Cotta).
Levy, Marc (2000): Solange du da bist, Berlin (Aufbau).
Maspero, François (1989): Das Lächeln der Katze, München (Piper).
Mauvignier, Laurent (2001): Fern von euch, Berlin (Eichborn).
Mimouni, Rachid (1996): Der Fluch, Frankfurt (Fischer Tb).
Makine, Andreï (1999): Das französische Testament, München (Heyne Tb).
Modiano, Patrick (1985): Eine Jugend, Frankfurt (Suhrkamp).
Modiano, Patrick (2002): Unbekannte Frauen, München (Hanser).
Mokeddem, Malika (1996): Die blauen Menschen, Zürich (Unionsverlag).
Ndiaye, Marie (1997): Die Hexe, München (Kunstmann).
Nothomb, Amélie (2000): Mit Staunen und Zittern, Zürich (Diogenes).
Olmi, Véronique (2003): Nummer sechs, München (Kunstmann).
Paris, Gilles (2004): Autobiographie einer Pflaume, München (Knaus).
Perec, Georges (2001): Die Dinge, München (dtv).
Piccard, Bertrand (2001): Mit dem Wind um die Welt, München (Piper).

Pineau, Gisèle (1998): Die Frau, die den Himmel aufspannt, Wuppertal (Peter Hammer).

Pujade-Renaud, Claude (1997): Die Stiefmutter, Frankfurt (Fischer Tb).

Queneau, Raymond (1999): Zazie in der Metro, Frankfurt (Suhrkamp Tb).

Quignard, Pascal (2000): Die amerikanische Besatzung, Berlin (Kowalke & Co).

Quint, Michel (2002): Die schrecklichen Gärten, München (Goldmann).

Ramuz, C.-F. (1986): Die Schönheit auf Erden, Berlin (Ullstein).

Ramuz, C.-F. (2003): Farinet oder das falsche Geld, Zürich (Limmat).

Ramuz, C.-F. (1992): Wenn die Sonne nicht wiederkäme, Zürich (Unionsverlag).

Reza, Yasmina (1996): Kunst, Lengwil (Libelle).

Roche, Sylviane (1995): Der Salon Pompadour, Düsseldorf (Benziger).

Roche, Sylviane (2000): Die Italienerin, Zürich (Limmat).

Sarraute, Nathalie (1984): Kindheit, Köln (Kiepenheuer & Witsch).

Sartre, Jean Paul (1971): Die ehrbare Dirne, Ditzingen (Reclam).

Sartre, Jean-Paul (2002): Geschlossene Gesellschaft, Berlin (rororo).

Sartre, Jean-Paul (1991): Das Spiel ist aus, Berlin (rororo).

Schmitt, Eric-Emmanuel (2003): Oscar und die Dame in Rosa, Zürich (Ammann).

Sebbar, Leïla (1997): Das verbotene Kleid, Berlin (Alt Berliner).

Sembene, Ousmane (1997): Xala, die Rache des Bettlers, Wuppertal (Peter Hammer).

Sijie, Dai (2001): Balzac und die kleine chinesische Schneiderin, München (Piper).

Sow Fall, Aminata (2001): Die Rückkehr der Trommeln, München (Edition Kappa).

Tournier, Michel (1997): Freitag oder das Leben in der Wildnis, München (Hanser).

Toussaint, Jean-Philippe (2001): Fernsehen, Frankfurt (Suhrkamp Tb).

Toussaint, Jean-Philippe (2001): Selbstportrait (in der Fremde), Frankfurt (Frankfurter Verlagsanstalt).

Vargas, Fred (1999): Der untröstliche Wittwer von Montparnasse, Berlin (Aufbau).

Vian, Boris, (1994): Der Schaum der Tage, Berlin (Wagenbach).

Z'Graggen, Yvette (2002): Die Punta, Basel (Lenos Pocket).

Z'Graggen, Yvette (2004): Matthias Berg, Basel (Lenos Pocket).

Versions cinématographiques

Il existe une version cinématographique des œuvres suivantes:

37°2 le matin: 37°2 le matin de Jean-Jacques Beinex, 1986.
Aller simple: Un aller simple de Laurent Heynemann, 2001.
Amant (L'): L'Amant de Jean-Jacques Annaud, 1992.
Au revoir les enfants: Au revoir les enfants de Louis Malle, 1987.
Autre (L'): L'autre de Bernard Giraudeau, 1990.
Bab-el-Oued: Bab-el-Oued City, de Merzak Allouache, 1995.
Balzac et la Petite Tailleuse chinoise: Balzac et la petite tailleuse chinoise, Dai Sijie, 2002.
Beauté sur la terre (La): La Beauté sur la Terre d'Antoine Plantevin, 1999.
Dentellière (La): La Dentellière de Claude Goretta, 1977.
Effroyables jardins: Effroyables jardins de Louis Becker, 2003.
Élise ou la vraie vie: Elise ou la vraie vie de Michel Drach, 1970.
Été meurtrier (L'): L'été meurtrier de Jean Becker, 1982.
Étranger (L'): L'étranger de Luchino Visconti, 1967.
Farinet ou la fausse monnaie: Farinet ou l'or dans la montagne de Max Haufler, 1939.
Femme de Gilles (La): La femme de Gilles de Frédéric Fonteyne, 2004.
Gone du Chaâba (Le): Le gone du Chaâba de Christoph Ruggia, 1997.
Hier: La brûlure du vent de Silvio Soldani, 2001.
Huis clos: Huis clos de Jacqueline Audry, 1954.
Ils partiront dans l'ivresse: Lucie Aubrac de Claude Berri, 1997.
Jeux sont faits (Les): Les jeux sont faits de Jean Delannoy, 1947.
Marius et Jeannette, un conte de l'Estaque: Marius et Jeannette, un conte de l'Estaque de Robert Guédiguian et Jean-Louis Milesi, 1997.
Quoi de neuf sur la guerre?: Un monde presque paisible de Michel Deville 2002.
Si le soleil ne revenait pas: Si le soleil ne revenait pas de Claude Goretta, 1987.
Stupeur et tremblements: Stupeur et tremblements d'Alain Corneau, 2002.
Tous les matins du monde: Tous les matins du monde d'Alain Corneau, 1991.
Vie devant soi (La): La vie devant soi de Moshé Mizrahi, 1977.
Voyageur sans bagage (Le): Le voyageur sans bagage de Jean Anouilh, 1943.
Xala: Xala de Sembene Ousmane, 1975.
Zazie dans le métro: Zazie dans le métro de Louis Malle, 1960.